sande anden
feng ene wol vn ret au
leo
karl
romische rike was wante

監修者――木村靖二／岸本美緒／小松久男／佐藤次高

［カバー表写真］
カール大帝肖像
（16世紀，アルブレヒト・デューラー画）

［カバー裏写真］
アーヘン宮廷におかれていたとされる雌狼の銅像
（2世紀，ローマの作品）

［扉写真］
写本に描かれたカール大帝
（13世紀，『ゴータ世界年代記』）

世界史リブレット人29

カール大帝

ヨーロッパの父

Satō Shōichi

佐藤彰一

目次

▼『パーダーボルン叙事詩』　教皇レオ三世への襲撃からパーダーボルンでのカール大帝との邂逅《かいこう》、そしてローマへの帰還を謳った五三六連の長音の音節を組み合わせた六脚韻（ヘクサメトロス）で綴られた詩は、ただ一点の写本のみで伝来し、もともと作者名はおろか標題も付されていなかった。「カール大帝と教皇レオ Karolus Magnus et Leo papa」という題は近代の研究者が与えたものである。M・G・H版の九三〜九四連に「尊敬すべき頭《かしら》にして、ヨーロッパの最良の父、至尊なる英雄」と謳われている。

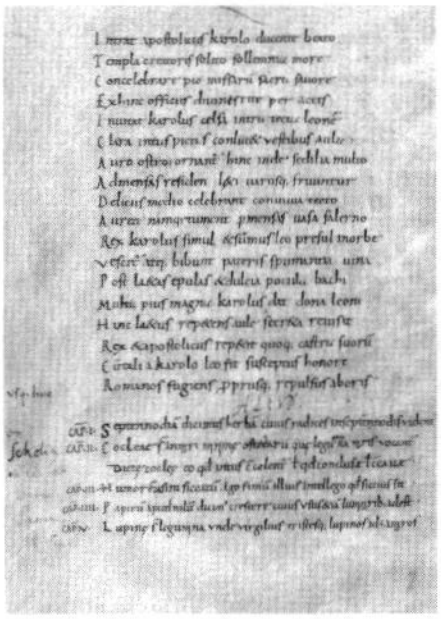

『パーダーボルン叙事詩』の写本

カール大帝のヨーロッパ

「ヨーロッパの父 pater Europae」。カール大帝（シャルルマーニュ、七四二〜八一四、在位七六八〜八一四）をこう呼んだのは、同時代の逸名作者（エインハルドゥスとする説もある）がつくった詩、いわゆる『パーダーボルン叙事詩』▲の「カール大帝と教皇レオ」の一節である。この詩の成立は一つの重要な歴史的事件と結びついていた。カールは、七九九年の夏頃にこのザクセンの地で教皇レオ三世その人をむかえたが、そもそも教皇がライン川を東にわたり、ゲルマニアの奥深くまで旅するのは前代未聞であった。

話は同じ年の四月に遡る。教皇レオ三世は、地上の平安を神に祈る連禱《れんとう》の典礼行列をしながらラテラノ宮からローマ市内の聖ロレンツォ教会に向かっていた。このとき、かねてから敵意をいだいていたローマ貴族で、さきの教皇ハドリアヌス一世▲の血縁者の徒党がおそいかかり、教皇を拉致《らち》するという暴挙にでたのである。拉致された教皇は、怪我を負わされた。襲撃した者たちはレオの目を抉《えぐ》り、舌を切り、教皇としての役割をはたせないようにしたと思い込んで遺棄したのであったが、幸いどの傷もそれほどの深手ではなかった。事件直後ローマに着いたカールの臣下で伯のゲレマルスがすぐさま介入し、いっときレオをスポレートの町に運び、教皇の体力の回復をはかり、あわせて教皇領に属する諸都市の忠誠を取りつけた。教皇はそののち、カール大帝その人から庇護の確約を直接えるために、アルプスの峠をこえ、ライン川をくだり、当時カールが滞在していたパーダーボルンにたどりついたのであった。

このようにカールの威勢と権威は、教皇にわざわざ一〇〇〇キロをこえる旅をよぎなくさせるほどの重みをもっていた。歴史家バラクロウ▲の言葉を借りるならば、「教皇はたしかに聖ペテロの代理人であった。しかし、カールは神の代理人であった」のだ。実質上、彼は聖俗両界を睥睨《へいげい》し、イギリスを除いた今日のＥＵ（欧州連合）の広がりに匹敵する空間を支配し、この領域にキリスト教

▼ハドリアヌス一世（在位七七二〜七九五）　イタリアを支配していたランゴバルド王権に対抗するため、教皇叙任の直後からカール大帝のイタリアへの干渉を希望し、カールがイタリアを征服するとローマに招請し、カールの父ピピン三世による「ピピンの寄進」（七五四年）として知られる教皇庁国家の基礎となった領土の割譲を確認させた。

▼ジェフリー・バラクロウ（一九〇八〜八四）　イギリスの中世史家。主として中世ドイツ史を専門にした。ロンドン大学やオクスフォード大学教授を歴任。『転換期の歴史』（一九六四年）や『新しいヨーロッパ像の試み』（一九七九年）、『中世教皇史』（二〇一二年）など著書の日本語訳も多い。

化とギリシア・ラテン文化が浸透するうえで、巨大な貢献をはたした。カール大帝は、まさしく「ヨーロッパの父」であり、『パーダーボルン叙事詩』をふたたび引用するならば「尊敬すべきヨーロッパの灯台」なのであった。

　中世初期の人びとにとって、「ヨーロッパ」という概念は古代末期から継承したなじみのものであった。聖アウグスティヌスやセヴィリャのイシドルス、オロシウス▲などは、世界がアジアとアフリカとヨーロッパから構成されていると考えた。オロシウスはアジアとヨーロッパの境界をドン川とアゾフ海としている。一方、カール大帝と同時代人のアルクイン▲は、書簡のなかで世界はヨーロッパとアフリカとインドに三分割されていると述べている。カール大帝の伝記を書いたエインハルドゥスはアッバース朝▲バグダードのカリフを、「ペルシアの王」と表現しており、カールの宮廷でこのような認識が広まっていたとするならば、インドの西にあるアラビア半島を含めた中東を、ヨーロッパという空間的範疇《はんちゅう》に繰り込んでいたのであろうか。カールは後述するように、自らのイニシアティヴで二度にわたり、アッバース朝に使節を派遣した。そしてバグダードのカリフにたいして、あたかも朝貢をなすべきかのような態度で接して

▼パウルス・オロシウス（三九〇頃〜没年不詳）　古代末期のキリスト教歴史家。スペインのタラゴナに生まれ、四一四年ころに北アフリカのヒッポ司教であった聖アウグスティヌスのもとに赴いた。アウグスティヌスの勧めで七書から成る『異教徒駁論』（四一五〜四一七年）を著したが、この書はキリスト教の立場から書かれた最初の世界通史とされている。

▼アルクイン（七三五頃〜八〇四）　イングランドのヨークで生まれ育ったアングロ・サクソン人司祭。カール大帝とは七八一年にイタリアのパヴィアで出会い、その学識に魅せられた大帝が教育と宗教問題の助言役として召しかかえ、カロリング・ルネサンスの立役者の一人となった。

▼アッバース朝　ウマイヤ朝を継承したアラブ人カリフ（教主）の第二の支配王朝。アッバースは預言者ムハンマドの叔父の名前である。首都をバグダードに建設し、七五〇年から一二五八年まで続いた。最後にモンゴル軍に倒された。

教皇レオ三世の襲撃　『ザクセン世界年代記』(一二九〇年以前)より、ブレーメン州立・大学図書館所蔵。

▼フランク人　西ゲルマン語族に属するゲルマン人の一派。三世紀中頃、ブルクテール、シャマーヴィ、シャットゥアリア、シカンブリなどの小部族が連合して生まれた部族集団とされる。「フランク」の語源は、「大胆な者」「勇敢な者」を意味した。メロヴィング王朝、カール大帝のカロリング王朝もこのフランク人の王朝である。

いる。カールの脳裏において、イスラーム圏は、ヨーロッパの東辺の地にあり、いずれ自らの軍門にくだる土地と認識されていたのであろうか。「ヨーロッパ」という空間が、フランク人▲に服属する空間と同義とみなされた時代があったとしても、それほど奇異なこととはいえない。もしそうだとすれば、より西方に存在する「コンスタンティヌスの都市」、コンスタンティノープルを首都にいただくビザンツ帝国は、カールの政治的展望において、いちだんと覇権的野心の対象とされたことであろう。

だがこうした想定を明確に示す証拠は、今のところ存在しないし、そうした仮説を述べる歴史家もいない。だがエインハルドゥスの『カール大帝伝』のなかで喧伝《けんでん》されている事実、すなわちカールがイェルサレムやアレクサンドリアなど、当時イスラームの支配下にあったキリスト教会に多大な喜捨をおこなったという記述をフィクションとする旧来の考えは、のちにふれるように最新の研究では、事実であったと思わせる史料が発見されたりして、事の判断は流動的にならざるをえない。

カール大帝の「ヨーロッパ」とは、現在だけでなく、進出すべき対象である

●シャルルマーニュ時代のヨーロッパとビザンツ帝国

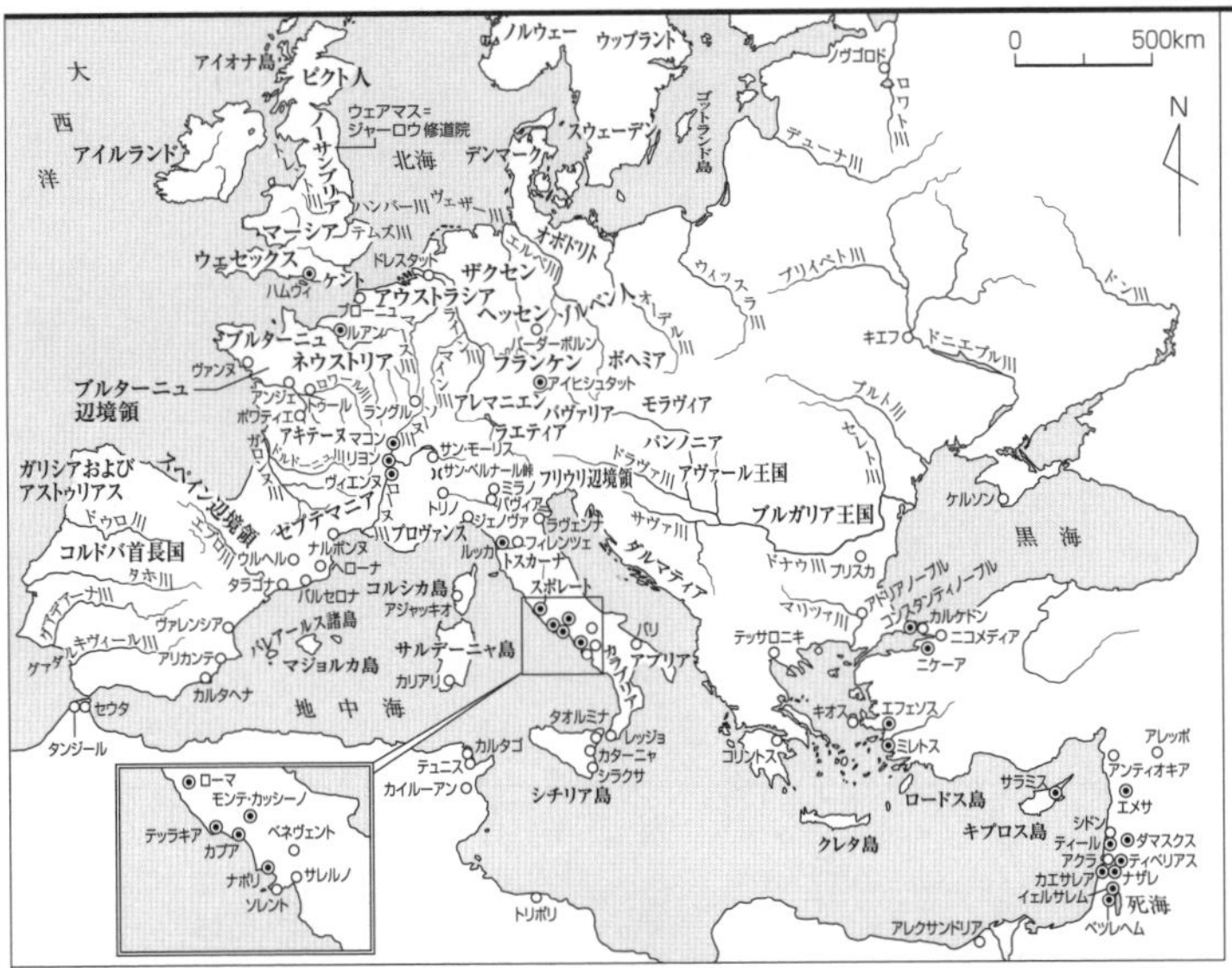

●アッバース朝期のイスラーム世界

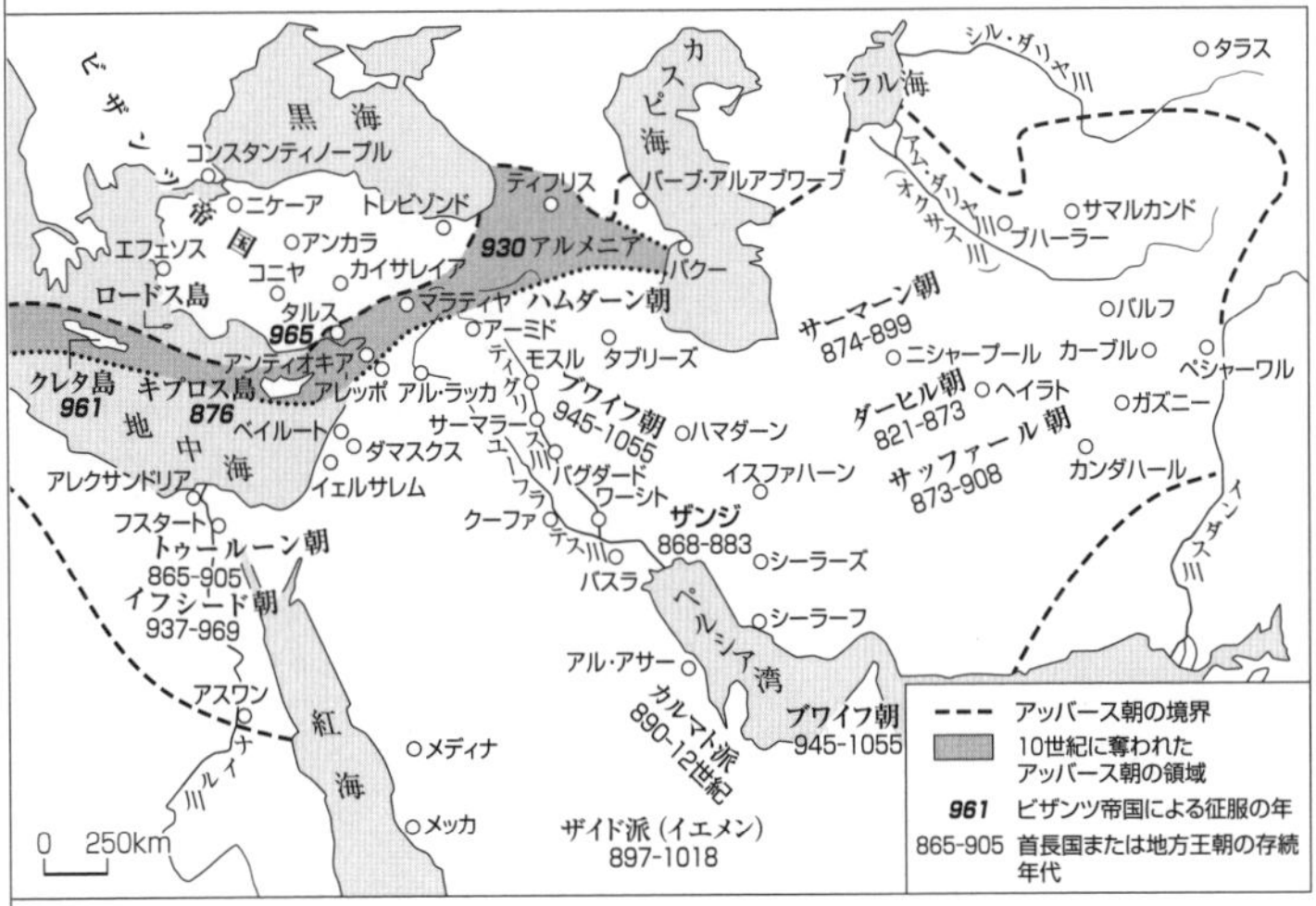

未来のフランク支配領域をも含んだ広がりを意味していたと理解することは、その意味であながちゆきすぎた解釈とはいえまい。

本書はカール大帝という歴史上の人物をとおして、彼が生きた八世紀後半から九世紀前半の西ヨーロッパ世界の姿をみていこうとするものである。あらかじめ全体の構成を示すならば、まずカールが生を享《う》けたカロリング門閥の歴史をたどり、彼らが生きた貴族世界がどのようであったかを考察しよう。続いてカールがフランク王位に即《つ》いてから展開した、ランゴバルド王国▲をはじめとする征服戦争について概観し、国家統治の仕組みや、この時代の社会と経済の姿を紹介し、外交と国際関係について述べ、いわゆる古典文化の復興とされる「カロリング・ルネサンス」について考察することにする。さらに議論の多いカールの「西ローマ皇帝」戴冠の意図を、推測を交えながら検討し、最後に歴史の大きな文脈のなかにカールの位置づけを試みることで締め括ることにする。

▼ランゴバルド王国（五六八〜七七四年）　東ゲルマン語を話すゲルマン人の一派。もとはエルベ川下流域に定着していたが、五世紀にパンノニア（ハンガリー）に移り、五六八年にアヴァール人に追われるかたちで北イタリアのポー平野に定着し、パヴィアを首都に建国した。七七四年にカール大帝により征服された。

①―カール大帝の系譜を遡る

カロリング家とは

カール大帝が生まれた「カロリング」家という名称は、いうまでもなく「カールの子孫」の意味である。カロリング家が属したフランク族は、いうまでもなくゲルマン語族の一派であり、この言語では「誰々の子孫」の意味で「…ing」と形容するのがふつうである。だから「カロリング Karoling」という家門の名前は、「カロルスの子孫」というほどの意味である。ちなみにカロリング家が権力を奪ったメロヴィング王朝は、メロヴェという伝説的な先祖を起源としている。

さてカロリング王朝についていうならば、この場合名前の由来となったカールが、カール・マルテルであったのはいうまでもない。カール大帝はカール・マルテルの孫にあたる。カール大帝の父親はピピン三世(小ピピン)と称した。カール・マルテルの父親はピピン二世(中ピピン)としてその名が知られている。カール・マルテルはピピン二世の庶子として、マーストリヒトの豪族の娘アルパイダから生まれた。カロリング家は、中ピピンの妾腹の血統からでて覇権を

▼**カール・マルテル**(六八八頃〜七四一) ヘルシュタルのピピン(中ピピン)の庶子として生まれた。テウデリクス四世を助けてアウストラシア、ネウストリア、ブルグンドの三分王国を統一し、宮宰として政治の実権を掌握した。七三二年にはトゥール・ポワティエの戦いで、アブデル・ラーマンのイスラーム騎馬軍に勝利した。

▼**小ピピン**(ピピン三世、七一四〜七六八) カール・マルテルの息子でカール大帝の父。「短身王」の綽名がある。七四一年にフランク王国の宮宰になり、七五一年に最後のメロヴィング国王キルデリク三世を幽閉し、国王となりカロリング王朝を開いた。

▼**中ピピン**(ピピン二世、生年不詳〜七一四) メッス大司教アルヌルフの孫で、父親はアンセギゼル。六七九年ころにアウストラシア分王国の宮宰となり、六八七年にテルトリィの戦いでネウストリアとブルグンド分王国に勝利し、ネウストリアとブルグンド分王国の宮宰職も兼務した。カール・マルテルの父。

握ったことになる。

メロヴィング朝時代のピピニード

　中ピピンの一族でもっとも古く遡ることができるのは、ピピン一世（大ピピン）であり、アウストラシア分王国の有力者で、分王国の首都メッスにあったダゴベルト一世の宮廷で、最高の官職である宮宰《きゅうさい》を務めた。その広大な所領は現在のベルギーにあるブラバント地方やナミュール地方に分布していた。大ピピンの妻イッタは、同じくベルギー中部のニヴェル地方に広大な領地を有する門閥の出であり、二人の結婚はベルギー南部から北のブラバント地方にいたる広大な空間に所領を展開する強力な一門の誕生を告げるものであった。

　大ピピンとイッタの結婚から一男二女が生まれた。長男グリモアルドは父と同じくアウストラシア分王国の宮宰職につくが、わが子キルデベルトをアウストラシア分王国の国王にしようと画策して失敗し、処刑された。二人の娘ゲルトルードとベッガのうち、後者はメッスの有力貴族で司教のアルヌルフの息子アンセギゼルと結婚した。ここから生まれたのが中ピピンである。ピピン一門

▼大ピピン（生年不詳〜六三九）　カロリング家の家祖。アウストラシア分王国に大規模な所領をもち、クロタール二世とダゴベルト一世時代に宮宰を務めた。

▼アウストラシア分王国　フランク王国で採用された王国の分割相続によって生まれた。その地理的広がりはおよそマース川とライン川にはさまれた地域である。のちにカロリング王権を生み出したのは、アウストラシアに勢力を張ったピピニードとアルヌルフィングなどの貴族門閥であった。

▼宮宰　メロヴィング朝時代の国王の宮廷の統括役人の呼称。メロヴィング朝フランク王国のアウストラシア、ネウストリア、ブルグンドの三分王国にそれぞれおかれた。やがて権力を掌握して副王的存在となり、アウストラシア宮宰家系のカール・マルテルが新たなカロリング朝を開く基礎を築いた。

カロリング家系図

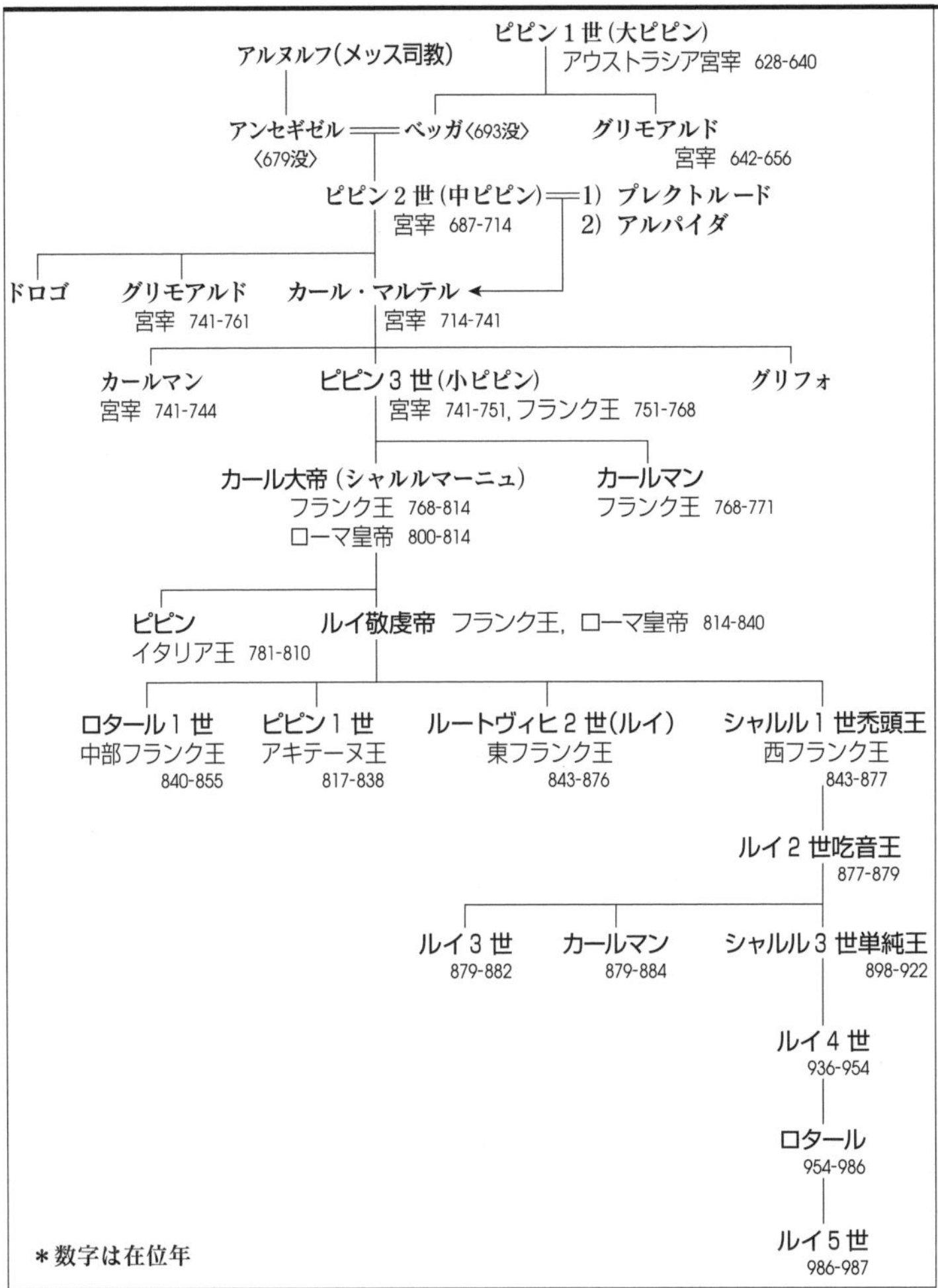
ピピン1世(大ピピン)
アウストラシア宮宰 628-640
アルヌルフ(メッス司教)
アンセギゼル
〈679没〉
ベッガ〈693没〉
グリモアルド
宮宰 642-656
ピピン2世(中ピピン)
宮宰 687-714
1) プレクトルード
2) アルパイダ
ドロゴ
グリモアルド
宮宰 741-761
カール・マルテル
宮宰 714-741
カールマン
宮宰 741-744
ピピン3世(小ピピン)
宮宰 741-751, フランク王 751-768
グリフォ
カール大帝(シャルルマーニュ)
フランク王 768-814
ローマ皇帝 800-814
カールマン
フランク王 768-771
ピピン
イタリア王 781-810
ルイ敬虔帝 フランク王，ローマ皇帝 814-840
ロタール1世
中部フランク王
840-855
ピピン1世
アキテーヌ王
817-838
ルートヴィヒ2世(ルイ)
東フランク王
843-876
シャルル1世禿頭王
西フランク王
843-877
ルイ2世吃音王
877-879
ルイ3世
879-882
カールマン
879-884
シャルル3世単純王
898-922
ルイ4世
936-954
ロタール
954-986
ルイ5世
986-987
*数字は在位年

ピピニードの所領

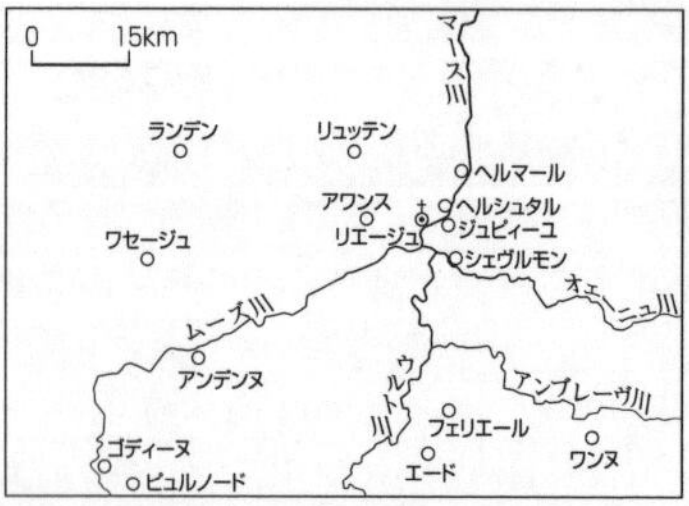

〔出典〕 Lebecq, S., *Les origines franques, Ve-IXe siècle,* "Nouvelle Histoire de la France Médiévale 1", Seuil, Paris, 1990.

とアルヌルフ一門の結びつきによって誕生した血統を、歴史家はアルヌルフィング＝ピピニードと称している。その最初の当主ともいうべき中ピピンは、正妻としてプレクトルードをむかえた。プレクトルード一族はモーゼル川流域に広く大所領を有し、司教座都市トリーアを拠点にしていた。この婚姻関係は、アルヌルフィング＝ピピニード門閥にベルギーのマース川流域からトリーアとメッスが位置するモーゼル川流域にかけての、およそ二〇〇キロにおよぶ勢力圏と、河川交易の基盤を与えることになった。

さらに興味深いのは、中ピピンがプレクトルードとは別にアルパイダという名前の女性を側室としたことである。すでにふれたように、彼女は中ピピンとの間にカール・マルテルをもうけ、カロリング王朝の血統上の起源をつくることになるが、ポール・フォーエーカーの詳細な研究によれば、アルパイダはマーストリヒトに拠点をもつ門閥の娘であったという。マーストリヒトはライン川にそそぐマース川の沿岸に位置するローマ時代からの交易地であり、ことに当時興隆しつつあった北海やイングランドとの取引を内陸地に橋渡しする重要な市場であった。中ピピンのアルパイダとの関係は、マーストリヒトのこうした商業上の役割と無関係とは思えない。

「カール」という名前

この点で興味深いのは「カール」という名前である。「マルテル（鉄槌《てっつい》）」はのちにカールがメロヴィング朝開始以来のガリアの秩序を根底的に変えてしまったところから、旧来の体制に「鉄槌」をくだしたところに由来する綽名《あだな》であるが、カールは本名である。これはメロヴィング朝時代には知られていない名前であり、ピピニード門閥成員の名前のリストにもみあたらない。一つの王朝の始祖として重要な意義をもつことになる「カール」という名前は、いったい何に由来するのであろうか。これを証明することは現時点ではできないが、私は一つの可能性として、これが北海をはさんでベルギー地方と対峙する、イングランドの言語、アングロ＝サクソン語の「ケオルル ceorl」に由来するのではないかと考えている。「ケオルル」は「自由人」を意味する身分名称であり、大陸ともっとも近かったウェセックス王国の『イネ法典』や、フランク王権とも深いつながりがあったケント王国の『エゼルベルト王法典』においても自由人を意味した。この名前の採用が物語るのは、マーストリヒトのアルパイダが属した門閥にとって、アングロ＝サクソン名の採用が自然なほど、北海を舞台としたイングランドとの交渉が濃密であったということではなかろうか。そして、中ピピンがアルパイダをいわば側室として選んだのは偶然ではありえない。さきに中ピピンはプレクトルードを妻にむかえることによって、マース川流域からトリーアとメッスが位置するモーゼル川流域にかけての所領ネットワークを獲得し、これに付随する交易網も編み出したことを指摘したが、アルパイダ一門との繫がりは、さらにその交易網を興隆しつつあった北海交易のネットワークにも接続することを可能にするものであった。

中ピピンの動向に体現されているアルヌルフィング＝ピピニードのこの時期の関心は、さらに彼が自分の次子グリモアルドを、長らくライン下流・北海交易をめぐって角突きあわせてきたフリーセン人▲の王ラドボードの娘テウテシンダと結婚させ、融和をはかったという事実に明瞭に示されているように思われる。多数の所領の広範な経営は、そこからもたらされる農産物を流通に投じて、はじめて利益をもたらす。アルヌルフィング＝ピピニード門閥の経済的基盤が、

▼**フリーセン人**　ゲルマン系の民族で、八世紀に聖ボニファティウスの伝導によりキリスト教に改宗した。北海とバルト海の交易の担い手であり、カロリング王家はフリーセン人の王家との連携によって、ライン川その他の水運の円滑な利用を模索した。カール大帝は九世紀初め『フリーセン部族法典』の編纂を命じた。

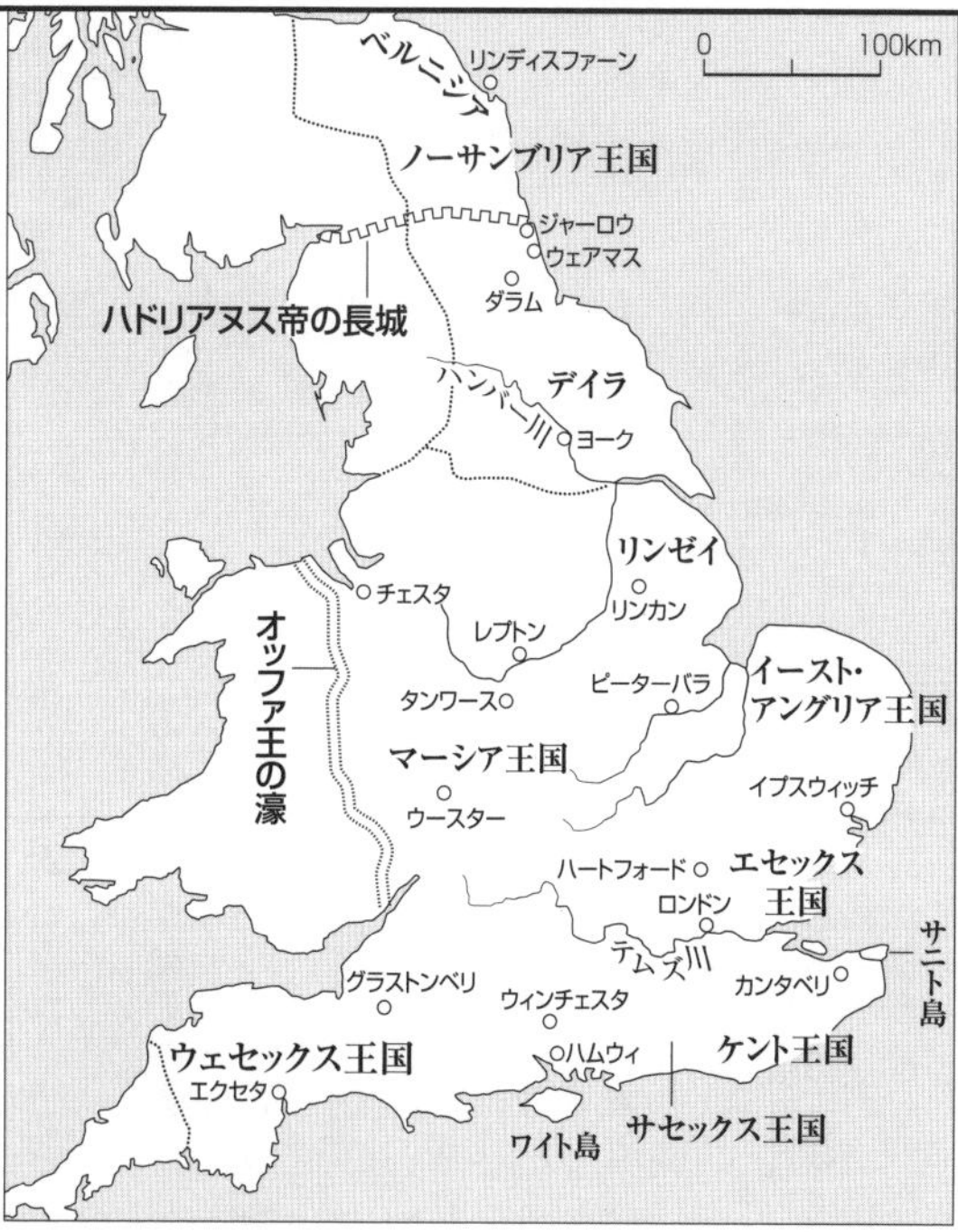

●アングロ＝サクソン時代のイングランド

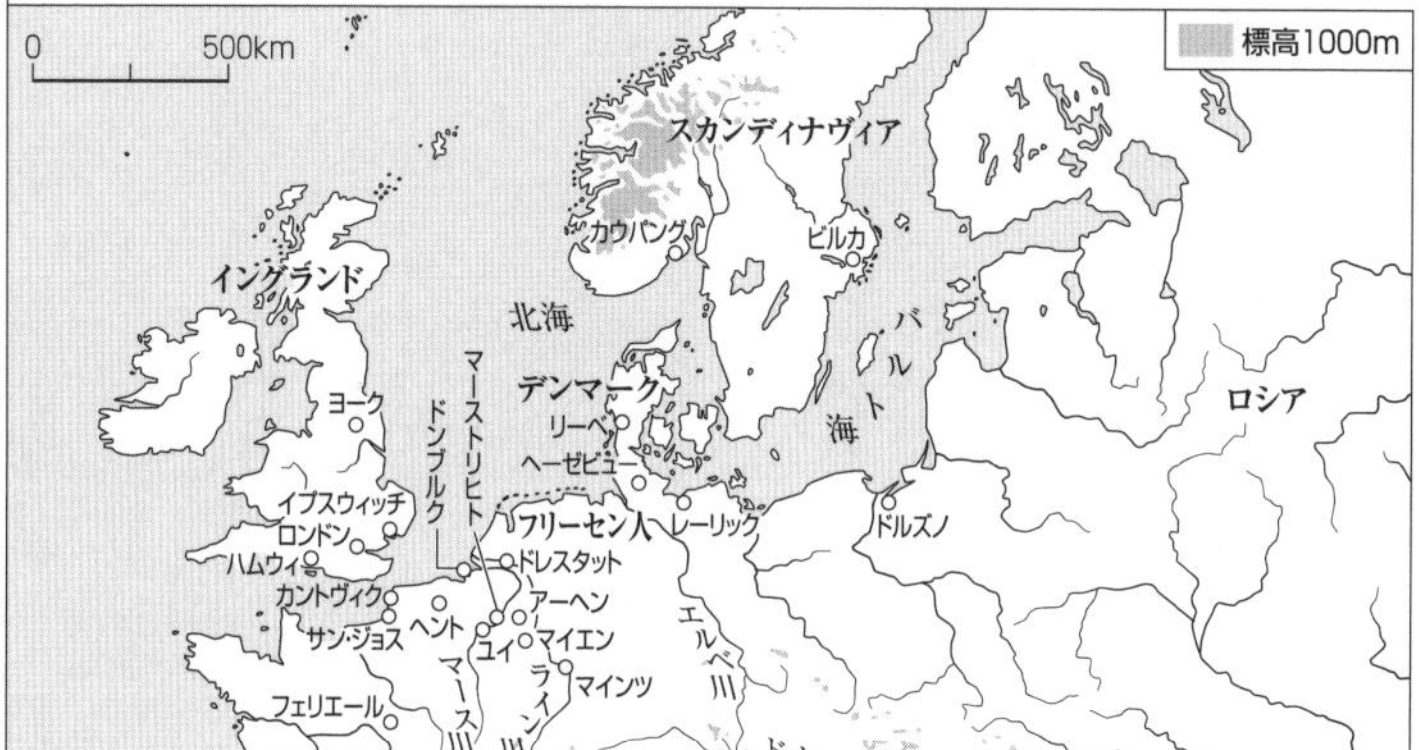

●カロリング朝時代の北海とバルト海の交易活動

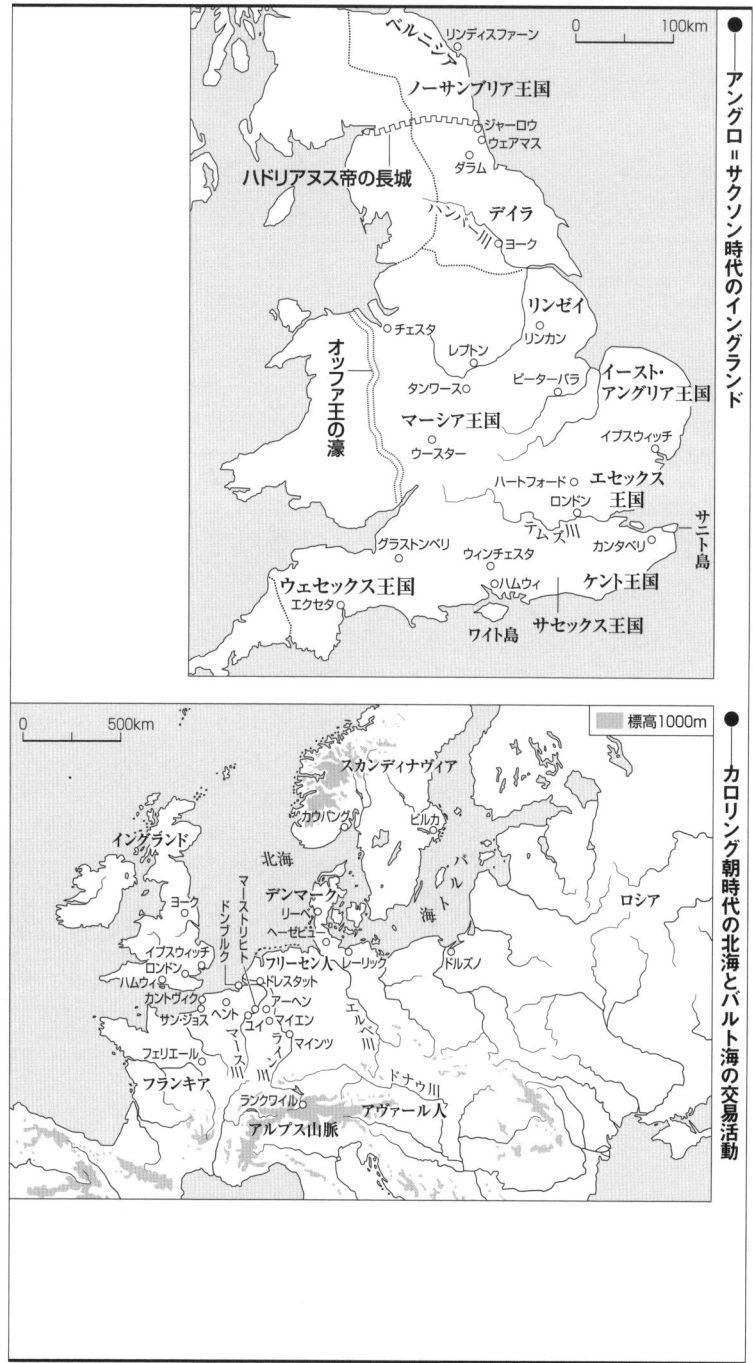

商業的な富に発する可能性を考えるべきであろう。現在の中世初期ヨーロッパ研究を世界的にリードしているイギリスの歴史家クリス・ウィッカムは、七五〇年代以後の荘園制の急速な拡大は、交換を目的とする農業生産に起因していると結論づけている。

巨大都市サーマラー

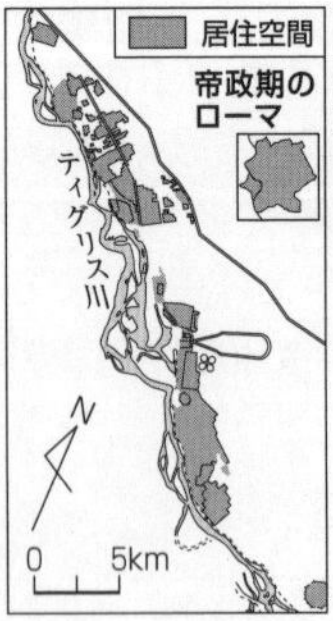

〔出典〕 Hodges, R / Whitehouse, D., *Mohammed, Charlemagne & the Origins of Europe. Archaeology and the Pirenne Thesis*, Cornell University Press, Ithaca, 1983.

カロリング朝の幸運

歴史の構図の縮尺を少し変えて、西ユーラシアという小縮尺でみてみると、この八世紀中頃はこの地域が巨大な変化にみまわれた時代であったことがわかる。この変化の源はアッバース朝の首都バグダードと、それを凌駕する規模をもつ都市サーマラーの建設である。そもそもバグダードにしてからが直径一〇キロにもおよぶ巨大な規模であったが、サーマラーはティグリス川沿いに長さ三五キロにわたって延々と続き、その建設完了に四六年の歳月を必要とするほどのメガ都市であった。その建設のための物資・労働力調達などの経済的波及効果ははかりしれないものがあり、中東にとどまらず、東は、インドはおろか東アジアにもおよび、西はヨーロッパにまで達したのは容易に推測されるところである。バグダードからカフカス山脈をこえて、ヴォルガ川をへて現在のサンクトペテルブルグにいたり、ここからスカンディナヴィアへとつながった交易ルートは、七六二年に確立したが、その源がアッバース朝の巨大な経済力であったのは確実なこととされている。カロリング朝の幸運は、その誕生のときがアッバース朝の国力の最盛期と重なったことであった。

　カール大帝とアッバース朝との関係は、またあとでふれることにする。

　話をカール・マルテルにもどそう。カール・マルテルは中ピピンが没したのちに実権を握った継母プレクトルードにより幽閉されるが、七一六年に脱出し、当時フランク王国全体の覇権を握っていたネウストリアの宮宰ラガンフリド▲を打ち破り、さらに背後のフリーセン人やザクセン人の蠢動《しゅんどう》を抑えた。七二〇年代はテューリンゲン、アレマニエン、バイエルンなどライン川の東に住む諸族を掌握するための作戦に時を費やし、七三〇年代は、その多くをプロヴァンス地方をはじめとする南フランスや、地中海地方の遠征と征討に明け暮れた。古代的な姿を多くとどめていたこの地方の社会にとって、カールはまさしく「鉄槌」であり、この侵略戦争により、古代的な相貌は完全に払拭《ふっしょく》されてしまった。

▼ラガンフリド（生年不詳〜七三一）ネウストリア分王国の宮宰として、国王キルペリクス二世の名で七一五年から統治を開始し、中ピピンの勢力をそぐのに成功した。フリーセン人の首長であったラドボードの支援を受けて、中ピピンをケルンに追いつめ、その財産を奪取した。カール・マルテルが実権を掌握すると、アンジェに撤退し、そこで没した。

イスラーム騎兵と戦うカール・マルテル（トゥール・ポワティエの戦い）

七三二年に、南下してきたイスラーム騎馬部隊をポワティエとトゥールの間で、撃破し、彼らのイベリア半島封じ込めに成功したのも南方勢力との角逐《かくちく》の一エピソードであった。

ピピン三世による王位簒奪

フランク王国最大の実力者であったカール・マルテルは、それでも王位に即《つ》くことなく、一介の「君侯《プリンケプス》」として、七四一年にパリで没した。カールは正妻、側室を含め三人の女性との通婚から、六人の息子をえたが、覇権争いの渦中の人となったのは、正妻から生まれたカールマンと、ピピン三世(小ピピン)、そして側室から生まれたグリフォであった。正妻クロドトルードの息子二人は、示し合わせてグリフォを事実上葬り去り、彼らの間でフランク王国を二分し、アウストラシア部分を小ピピンが、ネウストリア▲部分をカールマンが支配し、七三七年以来空位となっていた国王に傀儡《かいらい》として、キルペリク二世の息子キルデリク三世をすえた。

こうした権力の均衡状態も長くは続かなかった。ネウストリアを掌握してい

▼ネウストリア分王国　メロヴィング朝フランク王国の分王国の一つで、おおまかにいえばロワール川、大西洋、シャンパーニュ地方などでかこまれた地域。歴史的にはフランク族のサリー支族が拠点とした領域を母体としている。

現代のモンテ・カッシーノ修道院内庭

たカールマンが、七四七年に突然俗世を捨てて、イタリア南部のモンテ・カッシーノ修道院に隠棲するという驚くべき事件が起こったのである。それがどのような動機に発したかは謎である。こうして単独の支配者となった小ピピンは、傀儡を排して、自らが王位に即く決意をかため、時の教皇ザカリアス▲の承認をえて、キルデリク三世を幽閉し、自ら国王に即位した。七五一年十一月のことである。

彼はクーデタに等しい権力の簒奪《さんだつ》を正当化するために、メロヴィング朝では知られていなかった塗油の儀式を即位儀礼に導入した。『旧約聖書』にみえるイスラエル王権のこの即位儀式を取り入れることにより、メロヴィングの血統を断ち切り、王権としての正統性を宣明したのであった。

このようにして、ピピン三世は新しい王朝であるカロリング朝を開いた。その新王としての活動は、アキテーヌに盤踞《ばんきょ》する大豪族であった大公ワイファァリウスの勢力を除去し、地中海回廊地帯ともいうべきラングドック地方を、西ゴート人▲から奪回し、ガリア全土にその実効的支配をおよぼす目的に費やされた。ワイファァリウスが自らの臣下の刃に倒れた七六八年に、ピピン三世もまた享年

▼ザカリアス（在位七四一〜七五二）　イタリア南端のカラブリア地方で、ギリシア人の家系に生まれ、卓越した外交能力を備えていた。同時代のランゴバルド王ラトキスを自発的にモンテ・カッシーノ修道院入りさせ、ピピン三世もまたこの修道院にはいる前に、ザカリアスに面会している。この教皇の意向が、七五一年にピピン三世が王位に即くにあたって大きくあと押しをした。

▼西ゴート人　東ゲルマン語を話すゴート人の一部族。フン族に追われ三七五年にライン川をわたってローマ帝国領内にはいり、一時期都市ローマを侵略したりしたが、ホノリウス帝との協約で、四一八年にボルドーを拠点にアキテーヌに建国。その後トゥールーズに首都を移したが、五〇七年にクローヴィスに敗北し、イベリア半島に中心を移動させ、トレドを首都に七一一年まで西ゴート王国を保持した。

五十四で没した。

伝記作者の沈黙

「カロルス〔カール大帝〕の生誕や幼年の頃あるいは少年時代についてすら、これまで記述を通じて公表されたことはないし、カロルスのその当時を知っていると自称するひとも、今では一人も存在しないので、これらについては書くことは適当でないと考える」(國原吉之助訳)と、『カール大帝伝』の作者で同時代人のエインハルドゥス▲は述べて、カールの誕生や幼少年期については沈黙している。エインハルドゥスは十歳で、修道士見習いとしてフルダ修道院にはいりここで教育を受け、長じて宮廷学校でアルクインを師傅《しふ》として研鑽を積んだ人物であり、カール大帝の知遇をえており、加えて大帝を幼少期から知る年かさの側近らに、話を聞く機会があったはずである。だから彼のさきの言葉を字義どおりに受け取ることはできない。そこにはなにかこの話題を取り上げることを躊躇《ためら》わせる要因があったのではないか。

▼**エインハルドゥス**(七七〇頃〜八四〇)　カール大帝の家臣であり、友人。『カール大帝伝』の作者。建築に秀でた才能をもち、カールの命で、アーヘンの宮廷と聖堂、およびインゲルハイム宮廷の建設を組織した。カールの孫ロタール一世の依頼で、ゼーリンゲンシュタット修道院を建設し、ここで没した。

●――フルダ修道院の拡張のようす

エインハルドゥスが過ごしたのは七五〇年ころ。

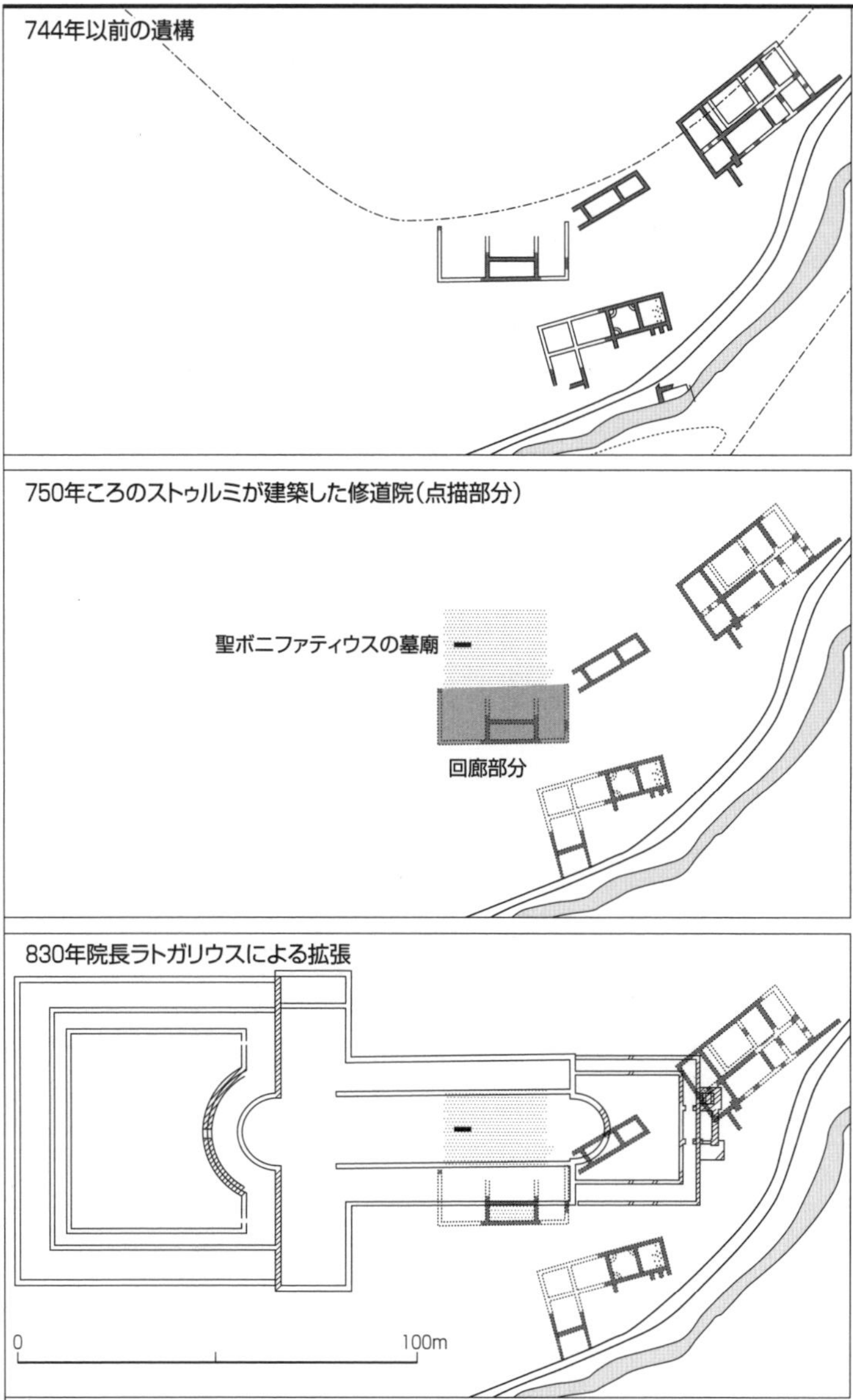

〔出典〕 Raaijmakers, J., *The Making of the Monastic Community of Fulda, c.744-c.900,* Cambridge University Press, Cambridge, 2012.

大帝の出生をめぐる霧

エインハルドゥスは大帝の死についてつぎのように述べている。「享年七二で、統治を始めてより四七年目であった」(前掲書)。統治開始は七六八年であり、大帝は八一四年に没しているから、四七年目というのはまったく正しい。また七十二で没したとすれば、生年は七四二年である。しかし『フランク王国年代記』は、大帝の父ピピン三世と正妻ベルトラダの結婚を七四八年とし、『サン・ベルタン修道院年代記』は七四九年としている。二つの年代記の一年の齟《そ》齬《ご》はあるものの、七四〇年代後半ということでは共通している。カールの享年から導き出される七四二年という生年とはあまりに大きな差異がある。両者の食い違いを説明するのは、カールがベルトラダの腹から生まれたとしても、婚姻前の息子であるという事実があからさまになるのを、エインハルドゥスは懸念したという理由が、一応あげられよう。もう一つはより深刻で、カールがピピンとベルトラダの子ではなかったから、そのことに論がおよばざるをえなくなる事態を恐れたという理由である。カール大帝はピピン三世の長男であり、ほかにカールマンという名前の弟がいたから、この事実が人口に膾炙《かいしゃ》したならば、事と次第によってはカール大帝の王位継承資格にも疑問符が付される状況が現出したかもしれないのである。エインハルドゥスの沈黙にはこうした背景があったとしてもおかしくはない。

王国の継承とカールマンの死

弟カールマンとの不仲が、カールの出生にまつわる霧と関係があったのかどうかは判然としない。エインハルドゥスは「父〔ピピン三世〕の死後、弟と王国を分け合ったが、弟の猜疑心を非常に辛抱強く耐えて、腹立ちの感情すら起こさなかったのは、誰にも驚嘆すべきことに思えたのである」(前掲書)と書いて、もっぱらカールマンの側に兄弟不和の原因を帰しているが、信憑《しんぴょう》性には疑問がある。いずれにしても、兄弟二人とも父ピピンが存命中に、教皇ステファヌス二世▲がフランキア(フランク王国)に到来した七五四年に、パリ近郊のサン・ドニ修道院で、父とともに「フランク人の王」として祝別を受けていた。七六八年にピピン三世が他界すると、王国の分割がおこなわれ、カールはアウストラシアの核心部分とネウストリアの沿岸、アキテーヌ西部を、カールマンはブ

▼**ステファヌス二世**(在位七五二〜七五七)　ローマ出身の教皇で、ランゴバルド王権への対抗のために、従来ビザンツ帝権をたのみとしてきたのを政策転換し、カロリング王権のピピン三世を頼った。ピピン三世を正式に国王として聖別し、七五四年に「ピピンの寄進」を受けた。

ルゴーニュ、アレマニエン、プロヴァンス、ラングドックの諸地方を受け取った。だがそれから三年後の七七一年十二月四日に、カールマンは突然死去し、遺された妻のゲルベルガは幼い息子たちをつれてイタリアに亡命した。

こうした一連の事態ののち、かつてカールマンに仕えていた重臣たちがそろって、ラン地方のコルベニィの離宮に滞在していたカールのもとを訪れ、彼をフランク人の単独の王として戴くことに同意し、忠誠を誓った。このグループのなかに、従兄弟《いとこ》でコルビー修道院長であったアダルハルド、サン・ドニ修道院長フルラド、サンス大司教ヴィルカール、宮廷伯ヴァランなどがいた。

こうしてフランク王国全土の支配者となったカールは、フランク王国の中核部分であるフランキアをこえて、支配領域を拡大し、そのことによって王国のいっそう強固な掌握をはかることをめざした。

カール大帝の騎馬兵団

父ピピンの王位を継承した翌年の七六九年に、カールは過去一〇年父ピピンがほぼ毎年のように遠征を繰り返したアキテーヌで、カロリング政権に敵対してきた大公で一年前に暗殺されたワイファリウスの息子フノルドゥス二世がまたしても叛乱を起こしたのを、弟カールマンとともに制圧し、ガスコーニュの帰順もすでに確保していた。国王に即位してまもないカールがアキテーヌの強健な豪族勢力を追いつめることができたのも、練度の高い歴戦の騎兵軍のおかげであった。ここでカール大帝の軍事的成功の主役となった軍隊について説明することにしよう。

　フランク王国の軍隊に騎兵が組織的に導入されたのは、カール・マルテルの時代であったとされる。メロヴィング朝時代の軍隊にも騎兵は存在したが、その比重は軽かった。七三二年のトゥール・ポワティエ間の会戦で、イスラームの軍馬の威力をまざまざと思い知らされたカール・マルテルは、フランク軍を重装備の騎兵軍団が主力となる軍隊に再編しようと努力した。軍事遠征のためにフランク兵が集う伝統的な三月軍会▲は、七五六年以後、軍馬をやしなう牧草が生えそろう五月に変更され、七五八年には、ザクセン人が課されていた毎年牛五〇〇頭の貢納は、馬三〇〇頭にかえられた。

　重装備の騎兵は鉄兜《てつかぶと》、鎖帷子《かたびら》、刀剣、盾と槍などの防具や武器、それに騎馬

▼三月軍会　フランク王国では伝統的に軍役義務を負担した自由人は、年に一度完全武装して王国集会を開くことが制度化されていた。それが三月におこなわれたことから「三月軍会」と称される。それが八世紀中頃に「五月軍会」に変わるが、それは騎馬の大幅な導入により、牧草が生えそろう時期に変更された、すなわち軍制の基本が騎兵に移行した証拠とされている。

投げ槍と弓を使って攻撃する騎兵　『シュトゥットガルト詩篇』より。ヴュルテンベルク、ラント図書館所蔵。

（牡馬）を合計すると約四〇ソリドゥス（牛二〇頭ほどの値段）、馬が牝馬の場合でも三六ソリドゥスという高額の費用を要した。これに加えて、騎兵は長時間の訓練が欠かせないこともあり、兵士にとり大きな経済的負担であった。カール・マルテルはその費用を捻出するために、教会領を還俗し、これを恩給地として臣下に配分し、これをもとに費用をつくることができるようにした。ピピン三世も、カール大帝もこの制度を継承した。土地の貸与を代償に機能するこの騎兵制は、封建騎馬兵団と形容できる。

騎兵勤務は土地の貸与という利益がともなうこともあって、貴族層の心をとらえ、封臣になる者の数がふえた。それは封臣の社会的構成に変化をもたらし、その地位を高めることになった。王権は、今度は貴族たち自身が自らの騎馬勤務をおこなう下臣をかかえるよう促し、王権自身ではなく貴族層の費用で軍事力としての騎兵をやしなえるよう誘導した。このシステムにより、カール大帝は優れた騎馬兵団を軍隊のもっとも重要な要素として縦横に利用できるようになった。治世の四七年間で、軍事遠征の記録がないのは七九〇年と八〇七年のわずか二年だけというほど、カールの治世は戦争に明け暮れたのであった。

②—外征と国際関係

ランゴバルド王国の征服と併合

以下しばらくカール大帝の征服者としての側面をかざるそうしたエピソードのいくつかをみてみよう。

カールの本格的な侵略遠征は、隣国ランゴバルド王国の征服である。そのきっかけはパヴィアを首都とするランゴバルド王デシデリウス▲が、教皇領▲に属するいくつかの都市を不法に占領していることにたいし、新たな教皇ハドリアヌス一世がカールに問題解決の助けを求めたことであった。カールはこれにこたえて七七三年に遠征軍を組織し、アルプスの峠道をこえて、パヴィアに到着し、市門を閉ざして籠城するデシデリウスに、長期戦も辞さない包囲網を敷き、自らは七七四年の復活祭をローマで祝うためにでかけるという余裕をみせつけた。

デシデリウスはたまらず投降した。デシデリウスは捕虜としてフランキア（フランク王国）に連行され、息子のアデルキスはコンスタンティノープルに亡命した。征服後に大帝が発給した文書で、彼は自らの肩書を「ランゴバルド人

▼デシデリウス（在位七五七～七七四）　トスカーナ大公でランゴバルド国王。イタリア南部のベネヴェント大公と連携し、教皇の意向を無視して、イタリアを統一する動きをみせる。それを懸念した教皇ハドリアヌス一世がカール大帝に介入を訴え、ランゴバルド遠征がなされ、その結果カールはランゴバルド王となる。デシデリウスはとらえられ、コルビー修道院に幽閉された。

▼教皇領　ローマ教皇が主権者の国土。その起源は五～七世紀の寄進により成立した「聖ペテロの遺産」に発して、七五六年にフランク国王ピピン三世からラヴェンナ総督領の寄進を受けて成立した。

の王 rex langobardorum」と名乗っている。これは異例の事態であり、過去二〇〇年間西ヨーロッパの王で、武力で制圧した他国の王を称する例はまったく知られていない。これには二つの事柄がかかわっていた。一つはこうすることにより、ランゴバルド王国の貴族たちがカールに帰順すれば、旧来の官職をそのまま安堵されるのではないかと考えさせたこと。これははかない願望に終わった。いま一つはたんなる和平を獲得するだけでなく、本格的な統治に乗り出す意思を示したことである。

それは大公領を基本的な枠組みとしていたランゴバルド的体制にたいして、伯《コーメス》を軸に編成しなおしたうえに、伯職担当者としてフランク人かアレマン人の自らの臣下をすえたところにあらわれている。いくつか例をあげるならばスポレート伯にウィネギス、フィレンツェ伯にスクロト、ルッカ伯にウィケラム、ジェノヴァ伯にハドゥマール、ベルガモ伯にアウテラヌス、ブレシア伯にスッポ、パドヴァ伯にリクウィン、ヴェローナ伯にウルフィヌスという具合に徹底され、カロリング王権の支配は強固な基盤を構築した。やがてのちにイタリアの中世貴族の多くが、これらフランク人の血統から生まれていったのである。

●――カールによる征服前夜のイタリア北部

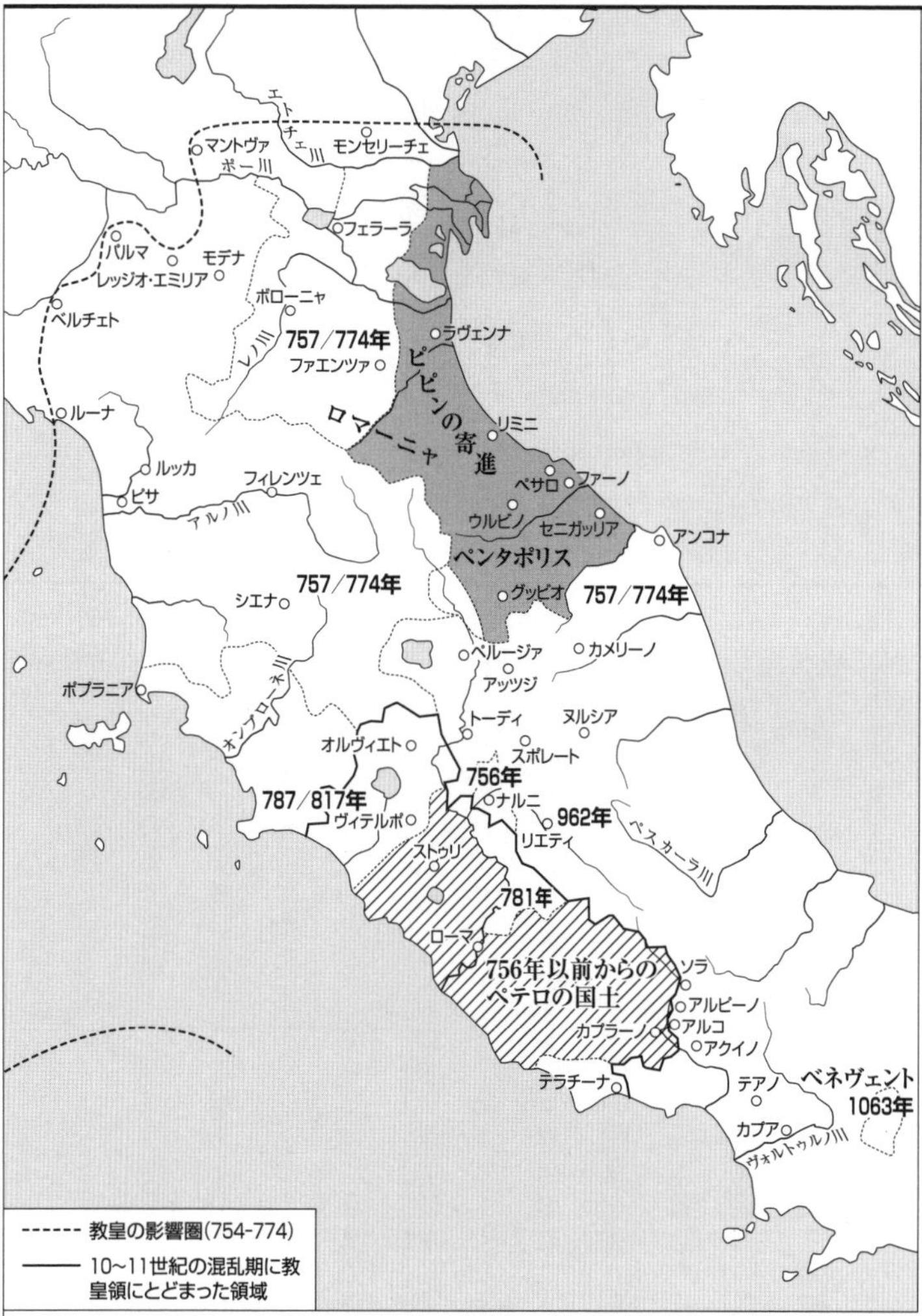

血まみれのザクセン征服

フランク王国の支配者が、この異教徒の地であるザクセン地方を征服し、ザクセン人をキリスト教に導こうと努力したのは、カロリング王権がはじめてではなかったし、ましてやカールに始まった軍事的企図ではなかった。それはすでに二五〇年の歴史をもち、それだけになまなかの努力では到底なしえない企てであった。それはイタリア王国の制圧とは対照的に冷徹な意思と、辛抱強い忍耐力が必要な作戦であった。さらにザクセン人が、カールマンやピピンが七四〇年代に境界線として設定したリッペ川をこえて、南下する気配をみせていたことも、フランク王に作戦展開の動機を強くもたせた。

カールが三〇年を要して、ようやく達成したザクセン征服は、カールにとって七七二年にフランク軍がエレスブルクにあったザクセン人の信仰の対象であった「イルミン聖柱▲」を破壊したことにより開始した。七七三年に、ザクセン人はこれへの報復をおこなった。それにたいして七七四、七七五、七七六年と連続して遠征を敢行し、一部のザクセン人の洗礼に成功した。そして征服の意

カール大帝時代のザクセン

▼イルミン聖柱　ザクセン地方のエレスブルク要塞の近くに屹立《きつりつ》された円柱。ザクセン人はこれが天空の覆いを支えていると信じた。カールは征服にあたってこの聖なる柱を木挽きさせ、その板を使って教会堂を建設したとされる。

図を明確にするために、カールは征服地パーダーボルンに、離宮さえ建設した。だがザクセン人の指導者の一人ヴィドキント▲は執拗に抵抗を組織して頑《かたくな》に服属を拒否した。七八二年にはフランク人の一部隊がズュンテル山地で手痛い敗北を喫したことに怒った大帝は、大軍を率いて報復に向かい、とらえたザクセン人四五〇〇人を一日で斬首《ざんしゅ》させたとされる。

これほど困難を極めたのには、ザクセンの政治文化が極めて異質で、彼らは王をもたず、意思決定は下位のリーダークラスが担っていたからである。多頭のヒドラのように、一つの頭を切り落としても決定的な打撃を与えることができず、政治的な中心を掌握・占領したところで大きな成果とはならなかったためであった。この点がランゴバルド王国との大きな差異である。だから七八五年にヴィドキントを追いつめ、彼に洗礼を受けさせたあとでも、叛乱はぶり返した。最終的に、ザクセンの東に住むスラヴ系のオボドリト人▲とフランクが連携し、繰り返しの執拗な遠征、そして懲罰的な住民の移住などの施策の組み合せが、功を奏した。ザクセン人のフランク王国内各地方への強制的な分散移住が決めてとなって叛乱は終息し、ザクセン地方はフランクの支配下に組み込ま

▼ヴィドキント（八〇七没）　ザクセン人の首長層の有力な一人で、カール大帝のザクセン征服への抵抗を組織した。七八五年に和平協定が成立し、ヴィドキントはカールに誠実宣誓をおこない、幾人かのザクセン首長たちとともにキリスト教の洗礼を受けた。

▼オボドリト人　スラヴ系の民族で、七世紀にエルベ川下流域からバルト海にかけて定住した。カール大帝の対ザクセン戦争でフランク王権の側に与し、その後ザクセン大公ハインリヒ獅子公が最終的に制圧するまでフランク人に味方し、キリスト教に改宗した。

れた。八〇四年のことである。

ロンセスヴァレスの悲劇とヒスパニア辺境領

七七七年五月パーダーボルンで開かれた王国集会は、何人かのアラブ人をむかえた。その一団の長がバルセロナ総督《ワリー》のスレイマン・イブン・アルアラビであった。このほかに、コルドバに独立的な君主国を建国したものの、ウマイヤ朝▲カリフの一族として後《こう》ウマイヤ朝を建国したアブド・アッラフマーン一世▲に殺害されたユースフ・アルフィフリーの息子と娘婿《むこ》もまじっていた。一方アッバース朝のカリフはすでにカールのもとに使節を送り、イベリア半島での反アブド・アッラフマーンの蜂起をスレイマンに呼びかけていた。イタリアは平定され、ザクセン地方は緊張が解けないものの、一時の小春日和をむかえていた。カールは行動には好適と判断した。彼の目的は、おそらくコルドバ君主国をフランク権力の保護下におくことをねらった作戦であった。

『フランク王国年代記』の記述はブルゴーニュ、アウストラシア、バイエルン、ランゴバルド、プロヴァンス、ラングドックから大軍が召集されたとして

▼**ウマイヤ朝**　アラブ人ムアーウィヤが建設した最初のイスラーム王朝で、首都をダマスクスにおいた。西はイベリア半島から、東は西北インドまでを支配し、その膨張的性格からアラブ帝国とも称される。イラン東部で勃発した叛乱が引き金となり、七五〇年にアッバース朝に倒された。

▼**アブド・アッラフマーン一世**(七三一〜七八八)　シリアのダマスクスにウマイヤ朝の王族として生まれた。二十歳のおりに、ウマイヤ朝は少数の親族とともに、新たに政権を掌握したアッバース朝勢力の追跡をかわして、北アフリカのモロッコに逃亡し、さらにイベリア半島に逃れた。この地で勢力を築いてアミールとなり、七五六年にコルドバを首都とする後ウマイヤ朝を建国した。

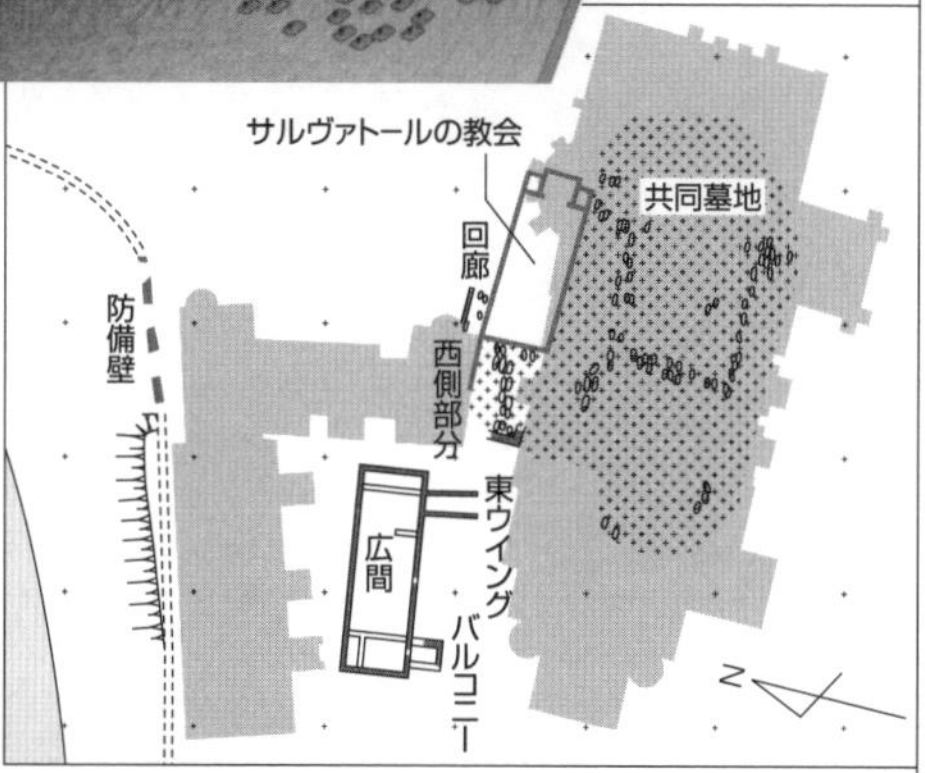

●—パーダーボルン初期の離宮とサンクト・サルヴァトール教会の配置　上図は両施設の復元図。

〔出典〕 Stiegemann, C./ Wemhoff M, herausg.von, *799. Kunst und Kultur der Karolingerzeit. Karl der Große und Papst Leo III. in Paderborn,* 3 Bde, Verlag Philipp von Zabern, Mainz, 1999.

●—パーダーボルン離宮の発掘現場

●—離宮跡に隣接するサンクト・サルヴァトール教会

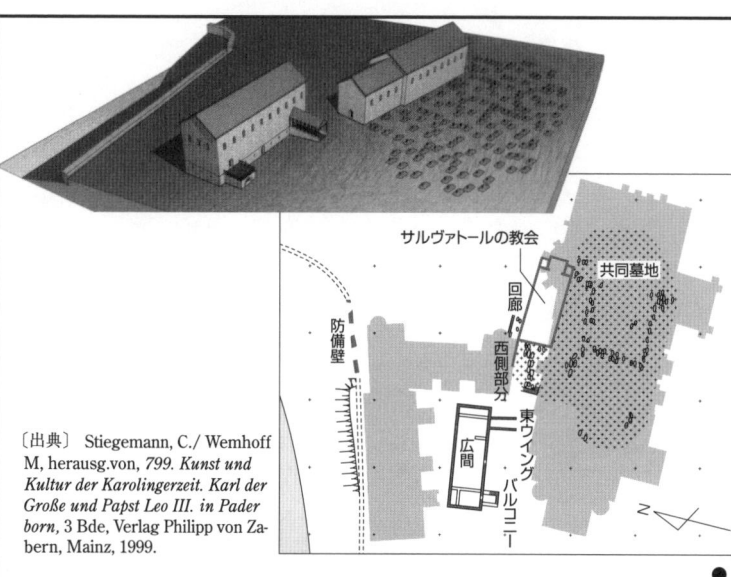

いるが、カール自身が率いた東ルートにはネウストリア、アキテーヌからの部隊もまじっていたとされる。とにかく空前の大軍であった。ピレネーをこえたフランク軍主力はパンプローナを無血開城し、東に旋回し、サラゴーサに向かった。おそらくここでカールが率いた東ルート軍と合流した。だが大軍を前にして、予想に反してサラゴーサ総督アルフセインは徹底抗戦の意思をかため、数週間の交渉に時を費やした。そしてカールは最終的に撤退の決断をした。多くの歴史家はこの決断の背景にあったのは、ザクセン人の不穏な動静が伝えられたためであろうとしている。

　その帰途のピレネー越えのおりに、バスク人のゲリラ的な襲撃に遭遇し、殿《しんがり》軍の指揮を務めたブルターニュ伯ローランが戦死するのである。このできごとはのちに『ローランの歌』▲として、十世紀ころから知られるようになり、ヨーロッパの叙事詩文学の一大記念碑となっている。

　このように七七八年のヒスパニア遠征は失敗に終わり、フランク権力のイベリア半島進出は夢とついえたが、その後カールはバルセロナを拠点にしたフランク領域として「ヒスパニア辺境領▲」を創設し、イスラーム勢力との恒常的な

ロンセスヴァレスの峠道に立つ記念碑

▼**『ローランの歌』**　七七八年のカール大帝のスペイン遠征の帰途、ピレネー山中のロンセスヴァレス(ロンスボー)でバスク人の奇襲を受けたおりに戦死したブルターニュ辺境伯ローランを主人公とする叙事詩で、十一世紀に中世フランス語でつくられた初期の作品である。

▼**ヒスパニア辺境領**(Marca Hispanica)　カロリング朝時代に辺境防備のために辺境伯領という特別の領域が設定された。デーン人の攻撃に対処するデーン・マルカ、東方からの侵略を防ぐためのオスト・マルカなど。南のイスラームに対処するためにカール大帝時代に、現在のカタルーニャ地方に創設されたのがヒスパニア辺境領である。

戦いで人口逃散がはなはだしかった東ラングドック地方やカタルーニャへのヒスパニア人の植民を促進する政策をとった。

また、ヒスパニアとの緩衝地帯でもあり、なによりも隙あらば不穏な動きをみせてきたアキテーヌをより確実に掌握するために、アキテーヌ地方の伯を全員フランク人出身者から選び、地方の支配者として送り込むというランゴバルド王国で採用した政策をここでもとったことを忘れてはならない。

バイエルンと名族アギロルフィング

フランク王国の南東にあるバイエルン地方は、ザクセン地方とは対照的に、ローマ帝国の支配を経験し、隣接するラエティアやノリクムは古代ローマの属州で、またその地理的な位置からしても、ランゴバルド王国や教皇座とも深い繋がりをもつ歴史の古い土地柄であった。ここを支配したアギロルフィング家もまた古い家柄である。歴史に最初に名前をとどめているのは、バイエルン族が最初に記録されたヨルダーネスの記述とほぼ同じころの六世紀の中頃であり、バイエルン大公ガリバルドであった。その意味ではカロリング家の祖先である

▼ラエティア　中央アルプスにあるローマ帝国の一属州。スイス東部とオーストリア・チロル地方、北ロンバルディアにまたがる地域で、隣接するノリクムと同じように、住民はケルト系の民族であった。紀元後まもないティベリウス帝の時代にローマの支配下にはいった。

▼ノリクム　中央ヨーロッパに属するローマ帝国の一属州。北をドナウ川、東をハンガリー平原、西を中央アルプス地方にかこまれた地域で、アウグストゥス帝の時代にローマ領に編入された。

▼ヨルダーネス　六世紀中頃の東ローマ帝国(ビザンツ帝国)の歴史家。ゴート人の歴史を、その原郷である「スカンディア」(スカンディナヴィア)と称する島からの移動として叙述した『ゲティカ』(ゴート人の歴史)は、自身がゴート人の血統に連なることもあり、聞き書き的な情報ももりこまれた第一級の史料である。

バイエルン大公タシロ三世が幽閉されたジュミエージュ修道院　セーヌ川河口に近い場所にいまも廃墟が残っている。

ピピニードよりも古い歴史をもった一族である。メロヴィング国王クロタール一世は甥《おい》のテウデバルドが若くして亡くなったあと、寡婦《かふ》となったヴァルデレダを側室にして、その後このアギロルフィングの血統であったバイエルン大公に妻として娶《めと》らせている。

ピピン三世の治世が始まる直前に成立したと思われる『バイエルン部族法典』には、バイエルンの指導者はアギロルフィング家であり、またそうでなければならないと書かれている。実際に七世紀末にバイエルンはアギロルフィング家の統率のもとに完全に自律的な領域となった。そして八世紀には反カロリング的なゲルマン諸勢力の拠点となっていた。

七八七年にカールはバイエルンに軍事侵攻した。大公タシロ三世はひたすら恭順の態度をとり、忠誠宣誓と人質の提供でひとまず切り抜けた。だがそれでは事態がおさまらなかった。翌年インゲルハイムで開かれた王国集会に呼び出されたタシロは忠誠違反の嫌疑で取調べを受けた（嫌疑の一部は三〇年前のものであった）。その結果死刑はまぬがれたものの、剃髪のうえ、修道院への幽閉が決定した。

バイエルンはカールの妻ヒルデガルドの兄弟ゲロルドに託され、アギロルフィングの威勢もかき消されてしまった。

アヴァール人の円形幕舎リング

バイエルン大公タシロ三世が追及を受けた嫌疑の一つに、アヴァール人との密かな連携の疑惑があった。アヴァール人はモンゴル系の遊牧騎馬民族であり、六世紀の中頃からドナウ川中流域にそった広大な地域を支配し、そこに住む人びとから貢納をおさめさせていた。アヴァール人はここパンノニア▲を拠点として、イタリア北東部を継続的に侵略していた。カールに危機感をいだかせたのは、その略奪部隊が七七四年にアルプスをこえて侵攻したことであった。フランク軍とアヴァール軍との最初の衝突は、七八八年北イタリアで起こった。その三年後の七九一年にバイエルンのレーゲンスブルクで開かれた王国集会で、カールはザクセン人やフリーセン人部隊を含む軍隊で、二方面からアヴァール領に侵攻することを決めた。

アヴァール領域に踏み込む前に、境界でフランク軍は三日間にわたり贖罪《しょくざい》と

▼パンノニア　中央ヨーロッパに位置し、現在のハンガリー西部、オーストリア、クロアチア、セルビア、スロベニア、スロヴァキア、およびボスニア・ヘルツェゴヴィナの各国にまたがる地域。九年にローマ帝国に編入され、属州となる。五〜六世紀にフン、東ゴート、ランゴバルド人などにあいついで侵略されたが、最終的に八九四年にハンガリー人の領土となった。

アヴァール人が占領していた地域

▼汗（カン、カーン）　ハガン、ハン、ハーンともいう。内陸アジアのトルコ・モンゴル系遊牧国家の君主の称号。

▼オッファ（在位七五七～七九六）アングロ＝サクソン七王国の一つマーシア王国の王。その影響力をケント、サセックス、イースト・アングリア王国にも広げた。七九六年にカール大帝と通商条約を結んだ。

勝利祈願の儀式を執り行なって、▲汗が支配する異教徒の土地での幸運を願った。フランクの軍隊へのアヴァール側からの反撃は拍子抜けするほど弱く、カールはドナウ地方の西部を略奪しただけで撤退した。その後カールはザクセンその他の土地の対応に明け暮れたために、ふたたびアヴァールに軍を進めたのは七九六年のことであった。しかしこのときもアヴァールの反攻はそれほどでもなく、「リング」と称されたアヴァール汗の宮殿が略奪された。ここには長年にわたって集積した貢納物や、略奪の成果が退蔵されていて、エインハルドゥスの筆の表現を借りるならば「この時ほどフランキ族が金持ちとなり財産をふやした戦いは、記憶にある限り思い出せない。……あれほど沢山の金と銀が宮殿に発見され、あれほど高価な分捕品が戦争でもたらされたので……」（前掲書）と、戦利品の莫大なさまを語っている。カールはその戦利品の一部を、教会やイングランドのマーシア王▲オッファに贈り物として与えた。

　この年、カールの長子ピピンが二度目の遠征をおこない、彼らの居住地域を根こそぎ破壊しつくした。カール大帝の軍隊を前にしての、アヴァール人の意外とも思える弱体ぶりは、その原因が指導層の一部がキリスト教へ改宗するなどしたことから生まれた部族内部での足並みの乱れ、連携の弱さにあったのである。

ビザンツ帝国への挑戦

さきに述べた七七四年のランゴバルド王国の征服をとおして明瞭となったことは、教皇座がフランクとの同盟にはっきりと舵を切ったことであった。これはそれまでのビザンツ帝国との関係に大きく影を落とした。もしビザンツ帝国が都市ローマを失うならば、それはたんにかつてのローマ帝国の東半分というだけの存在になってしまう。それはローマを欠いた帝国とならざるをえない。ビザンツ帝権の誤りは、軍事力でイタリアを奪回することを真剣に考えなかったことであった。

その後のフランクへの対応もどっちつかずの中途半端なままであった。一方ではベネヴェント大公▲アリキスと秘密裡に交渉して、ビザンツ側に引き入れようと工作し、他方では若い皇帝コンスタンティヌス六世の妻にカールの娘ロトルードをむかえ、融和をはかる路線も追求していた。最終的にこの縁組計画が

▼**ベネヴェント大公領**　イタリア南部にあるランゴバルド人の大公領で、七五八年以後アリキス二世が統治した。この領国は原則的に教皇権に返還しなければならないものであったが、カール大帝の保護下におかれていた。七七四年に新大公グリモアルドは貨幣にカールの肖像を刻ませている。

頓挫したのはカールの躊躇《ためら》いであった。彼は娘をコンスタンティノープルに送るのを拒否した。

大帝は七八八年にベネヴェントの支配者の息子で、人質としてフランクの宮廷にとめおかれていたグリモアルドを解放し、大公となったあかつきには親フランク的対応をとるよう期待した。こうした事態に危機感をいだいたビザンツ側は南イタリアに軍隊を派遣し、この地方を征服しようとはかった。だがベネヴェントのグリモアルドとスポレート大公のヒルデブランドらに大きな敗北を喫した。

当時ビザンツ帝国を実質的に統治していたのは先帝レオン四世▲の妻で摂政でもあったイレーネ▲であった。彼女は皇帝レオン三世▲が推し進めた偶像破壊政策《イコノクラスム》に終止符を打つための第二回ニケーア公会議を七八七年に開催していた。イコノクラスムは、七～八世紀にビザンツ世界で顕著となった極端な聖画像崇拝の風潮に歯止めをかけるために実施されたとされる。第二回ニケーア公会議は聖画像崇敬を正式に承認して終わった。だがこの公会議決議(ギリシア語)のラテン語訳が教皇庁を介して、カール大帝に届けられたとき、騒ぎが起こった。教

▼レオン四世(在位七七五～七八〇)　ビザンツ帝国皇帝。コンスタンティヌス五世とその最初の妻で、ハザールの王女を母として生まれた。彼は妃となったイレーネの影響で、聖画像破壊運動には熱心ではなかった。

▼イレーネ(七五二～八〇三)　ビザンツ帝国皇帝レオン四世の妃。皇帝の死後、息子のコンスタンティヌス六世の摂政となり、イコノクラスムを終焉させた。権力の座を維持するため、息子を盲目にし、死に追いやった。カール大帝との縁組の可能性もあったが、クーデタにより失脚した。

▼レオン三世(在位七一七～七四一)　ビザンツ帝国皇帝。アナスタシオス二世(在位七一三～七一五)のもとで、アナトリアナ軍管区長に任命されたが、七一七年にクーデタによりテオドシオス三世を退位させ、皇帝に即位した。七二六年にイコン崇敬を異端として禁止し、いわゆる「聖像破壊運動」を開始した。七四〇年にアクロイオンの戦いでウマイヤ朝の軍隊を破り、その地位を確立した。

皇妃イレーネの肖像を刻んだビザンツのソリドゥス金貨

皇庁はこの公会議決議ができた経緯をあらかじめカールに伝えることをせずに、重大な教義上の決定をいわば無頓着に伝えたのだが、それは教皇ハドリアヌスの考えでは、教義上の事柄をいちいちフランクの国王に伝える必要がないと認識していたからであるとされる。だがフランク宮廷は反発した。その結果七九〇年に『カールの書』が、アルクインなどをはじめとするフランク宮廷の神学者たちを総動員して編まれた。そこには東方教会を代表するビザンツ皇帝にたいして、自らがフランク国王として西方教会を代表する、まったく対等な存在であるとの意識が鮮明に読み取れる。

商業交易地をめぐるデーン人との交渉

ザクセン人の制圧に多くの時間と犠牲を費やしたことは、すでに述べたとおりであるが、その原因の一つはザクセン人のさらに北方の背後で、デーン王権が彼らの叛乱を陰ながら支援していたことにあった。エインハルドゥスが『カール大帝伝』のなかで、ビザンツ皇帝が述べたこととして、わざわざギリシア語のまま引用しているように「フランク人は朋友にしても、隣人にするなかれ」であり、デーン王権のザクセン叛徒支援も、その基本線にそった選択であった。

　現実にザクセン人の首長層は、危殆《きたい》に瀕したとき迷わずアイダー川の北にあるデーン人▲の支配領域に逃げ込んだ。デーン人はまた彼らを庇護した。ザクセン人の頭領の一人ウィドキントが、七七七年にデーン国王ジギフリートの賓客としてこの王国に滞在していたことは『フランク王国年代記▲』が伝えている。だが、カールがデーン人やザクセン人と隣接して生活していたスラヴ系のオボドリト人をフランク陣営に引き入れると、勢力関係に変化が生まれた。

　デーン人は八世紀の中頃に成立したイスラーム圏のバグダードに発する交易ルートのうち、現在のサンクトペテルブルクに近いラドガ湖を経由する北欧ルートの商業取引から大きな利益をえていた。デーン人の交易地《エンポリウム》の一つでバルト海南岸にあるレーリクはオボドリト人が事実上居住していた地域にあったが、八〇四年にカール大帝はここを含む北エルベの三つの行政区《ガウ》を、正式にオボドリト人に与え、この地の交易活動からデーン人を締め出そうとした。こうして新しい状況が生まれた。

▼デーン人　北欧のスカンディナヴィア民族の一つ。トゥールのグレゴリウスの『歴史十書』にも、六世紀前半のテウデリクス一世時代に王クロキライックに率いられてガリアを略奪したことが記されている。八世紀末からヴァイキングとして西欧各地に侵攻し、多くの修道院が放火され破壊された。

▼『フランク王国年代記』　復活祭表から派生した記述で、その年の復活祭を一年の始まりとして、年ごとの主要なできごとを記した公式記録である。この年代記は七四一年から始まり、八二九年で終わっている。

デーン人の交易地、リーベ（ユトランド半島）**復元図**

ここではじめてデーン王権とフランク王権との直接の軍事衝突が避けられないものとなる。八〇八年にデーン人は王ゴドフリートの指揮のもと、レーリクを劫略《ごうりゃく》し、オボドリト人の三分の二を屈服させ、北エルベ地方を制圧した。これにたいして八一〇年にカール大帝は、大規模な遠征を計画したが、それに先んじてゴドフリートは、ライン川河口のフリースラントに多数の艦船を送り、沿岸の集落をおそい、莫大な貢納金を奪った。これによっていやがうえにも高まった緊張関係は、ゴドフリートの暗殺によって一気にゆるんだ。

その後継者ヘミングはゴドフリートの甥で、フランク帝国との友好を望んだ。八一一年にアイダー河畔で和平が結ばれ、デーン人の新たな交易地がエルベ川の河口からさほど離れていないシュテール川のバーデンフリオートに移され、エルベ以北の領域はデーン人の支配する土地とみなされることになった。

ヘミング王の死後、王位継承争いが起こり、結局ヘリオルドとレギンフリードが共同で統治することになり、二人とも親フランクの政策を堅持した。こうしてカール大帝の存命中は、アイダー川を国境とするフランク帝国とデーン王国の関係は、膠着《こうちゃく》状態のまま推移した。アイダー川をこえてデーン人の領域

▼ルイ敬虔帝（在位八一四〜八四〇）カール大帝の息子。七八一年、三歳で南西フランスの領国であるアキテーヌ王に任じられる。カール大帝が没する前年の八一三年に大帝の共同皇帝に任命された。カールが没して単独国王ならびに皇帝になると、早々と自らの死後の帝国分割を定めたが、これが内紛の種となった。八一八年に妻エルメンガルドが死没したのち、バイエルンの名族の娘ユーディトと再婚し、後者は八二三年にシャルル禿頭《とくとう》王を生んだ。ルイは八一七年の帝国分割令の発布にもかかわらず、新たにシャルルの領国分をつくろうとしたため、長男ロタール一世と次男のルートヴィヒ・ドイツ王が叛旗を翻した。ルイはこの内紛の嵐のなかで没した。

に攻め込むのは、カールの息子ルイ敬虔《けいけん》帝▲の治世にはいってからになる。

アッバース朝カリフとイェルサレム大主教

エインハルドゥスは『カール大帝伝』のなかで、一節を割いて大帝の外国からの使節への応接や外交について記述している。そのなかでピピンの治世の最後に始まり、三世代にわたってくりひろげられ、ルイ敬虔帝の治世で終わったイスラーム教徒アッバース朝との外交関係は、まさしくカールが生きた時代のグローバル・ヒストリー上のコンテクストのありようを遺憾なく示している。

記録によるかぎり、アッバース朝とカロリング朝との外交関係は、ピピン三世の時代末期から始まり、ルイ敬虔帝の治世に終わる。簡単に時間を追って使節の交換を紹介しておくと、最初七六五年にピピン三世がバグダードに使節を送ると、その答礼ともいうべきアッバース朝カリフ、マンスールからの使節が七六八年にフランク王国に送られてきた。二回目は七九七年のフランクからの使節派遣にたいして、八〇二年に答礼があり、三度目は八〇二年ころのフランクからの派遣に、八〇六年か八〇七年ころに応答の使節が到来したことが記録されている。このほか、ルイ敬虔帝時代にアッバース朝のほうから使節が到着したが、フランク王国は、当時皇帝ルイと息子たちの争いのただなかということもあって、きちんとした外交慣例を守って応答する余裕がなかったようである。

カロリング朝とアッバース朝との外交使節の交換だけを取り上げたが、じつはこの交渉は二者関係ではなく、もう一つ重要な主体としてイェルサレム大主教が存在し、三者関係としてとらえなければならない側面がある。当時イェルサレムはイスラームに占領されてはいたが、キリスト教徒の聖地巡礼は認められ、キリスト教会と聖職者も活動していた。アッバース朝カリフとフランク皇帝との間の使節交換は、当然のことながらその中間に位置したイェルサレム教会にもさまざまな波紋を投げかけ、思惑が渦巻いた。その結果、大主教は大帝の治世に三度使節をアーヘンの宮廷に送っている。七七九年の最初のイェルサレム大主教からの使節は、都市イェルサレムおよび聖墳墓の鍵をカールに献呈した。

カール大帝のカリフとの交流の目的は、カリフの支配下（イェルサレムのみにはとどまらず、アラビア半島を含めイスラーム支配のもとでキリスト教信仰を保持した信徒は少なからず存在した）にあるキリスト教徒が、フランク王国の修道士と祈禱《きとう》兄弟盟約▲を結ぶことを認めてもらうことや、イェルサレムの修道院長が西方に旅行することを承認してもらうことであった。

ドイツの歴史家ミヒャエル・ボルゴルテは、使節交換に寄せたカール大帝の熱意は、そうした実務的な事柄にはとどまらなかったと推測する。この時代に大きな影響力をもったのは『旧約聖書』である。カールは宮廷の文芸活動において、しばしば自らをユダヤの王ダビデに擬したのはよく知られている。ボルゴルテは、カールがフランク王国の修道士や修道女がこのイェルサレムで、自らのために祈りを捧げてくれることを願ったのではないかと想定している。詳しく述べることはしないが、この仮説は新たに叙任されたイェルサレム大主教ゲオルクに宛てたカールの腹心アルクインの手紙から十分成り立ちうるものである。

カールは八〇二年にカリフ、ハールーンに象一頭の寄贈の要求をし、「アブー・アッバス」と名づけられた象が、莫大な贈り物とともにバグダードから届

▼祈禱兄弟盟約　中世初期西欧の修道院において生まれた制度で、死者供養の祈禱をする盟約。死者を記録した名簿をもとに、盟約を結んだ修道院での記念祈禱とミサが執り行なわれる。当該修道院で死者がでるとその情報がただちに盟約修道院に伝達され、祈禱名簿に記載された。

戦争に動員される象　アブー・アッバスもデーン人との戦い(八一〇年)で命脈がつき戦死した。

けられたが、こうした要求はカールの皇帝としての意識の表れであり、自らの世界政治上の地位を確信したフランク人支配者の誇りに満ちた挙措《きょそ》であった。

エインハルドゥスはカールの伝記のなかで、「王の慈善」として、海をこえてシリア、エジプト、アフリカ、イェルサレム、アレクサンドリア、カルタゴなどのキリスト教会へ多くの喜捨をおこなったと述べている。最近アメリカ合衆国の中世史家マイクル・マッコーミックはバーゼル大学が所蔵する二葉の羊皮紙が、八〇八年にイェルサレム大主教からの依頼で、同地の教会の窮乏ぶりを調査するよう派遣されたアレマニエンの貴族フロクルフスの報告書であるとする研究を公刊した。もしこの推定が成り立つならば、異国にあるキリスト教会への喜捨も、あながちエインハルドゥスの誇張や文飾ともいいきれないであろう。カールの視野は「大帝」の名にふさわしく、西欧をはるかにこえる広がりをもっていた。そしてこれを可能にしたのは、彼が生きた時代がいくつかのセグメントを成しながらも、ユーラシアの東西が多様な仕方で連結していたという事実であった。

宮廷に集う王と貴族たち

③—カールが築いた統治組織

統治の担い手「帝国貴族層」

カール大帝は征服戦争によって、フランク王国の版図に含まれながら、十分な忠誠を獲得できていないアキテーヌのような地域や、それからザクセンやランゴバルド王国のように新たな征服地を統治するために、自らの股肱《ここう》の臣を派遣した。彼らの多くが伯として任官し、多数が任地の伯領を世襲的に統治した。ドイツ中世史学はこれに「帝国貴族層 Die Reichsaristokratie」の名称を与えた。このような貴族層の起源をどのように考えればよいのであろうか。カロリング朝の祖先がメロヴィング朝のもとで、すでにアルヌルフィング＝ピピニードとして、有力門閥として地歩を築いていたことをみた。またバイエルンに独立の支配圏を構築し、カールの怒りをかって覆滅《ふくめつ》の憂き目にあったアギロルフィング家の存在も知った。そこで、ここでメロヴィング朝からカロリング朝への体制転換にあたって、貴族集団にどのような変化が生じたかを、これまでの研究史に拠りながら簡単に整理しておこう。

▼聖コルンバヌス　アイルランド出身の六世紀から七世紀初めの修道士。五四〇年ころアイルランドに生まれ、六世紀の末に幾人かの弟子とともにアイルランドの修道戒律を普及させるために、フランク王国に到来し、ブルゴーニュ山中のリュクスーユに修道院を建設した。既存の修道制をより厳格な規律によって改革し、メロヴィング王家の帰依をえた。

古い血統と新たな血統

メロヴィング朝で卓越した門閥であった貴族層が、カロリング朝にはいっていかなる運命をたどったかについて、ドイツの中世史家の間で論争があった。R・シュプランデルは七世紀初頭にアイルランドから到来し、フランク王国のなかで大陸の修道制を刷新した聖コルンバヌス▲の強烈な影響のもとに、おもにアウストラシア分王国の貴族のなかで、俗世から離脱する現実逃避的な性格が強まり、彼らはやがてカロリング王権により消滅させられたと主張した。またTh・マイヤーは、むしろカール・マルテル、中ピピンをはじめとするカロリング朝を実質的に開いた支配者の時代に、カロリング権力の排他的貫徹という戦略的視点から、旧来の貴族が意図的に淘汰されたと考え、どちらもメロヴィング朝の貴族とカロリング朝の貴族との間には断絶があったと主張した。これにたいして、K・F・ウェルナーはその有名な論文により、貴族門閥とその社会のメロヴィング期からの連続を主張した。

この対照的な見解のいずれが正しいかを簡単にいうことはできない。検討の対象となった素材の網羅性については、もとより記録の残り方の偶然もあって

カロリング朝時代の武人の肖像
フレスコ画。北イタリア、ヴェノスタ渓谷のマルスにある聖ベネディクト教会。

▼エティコー家　アルザス地方の貴族門閥で、七世紀から十一世紀にかけて大きな影響力をもった。その始祖アダルリクス、別名エティコーはネウストリア・ブルグント王国出身で、七世紀の六〇年代にディジョン地方の大公であった。やがてアルザス地方に進出したが、台頭してきたカロリング権力に服属した。カール大帝のもとでトゥール伯となったユーグや、その娘でロタール一世の妻となったイルミンガルドなどがこの一門の成員としてあげられる。

完璧を期しがたいからである。シュプランデルの検討からは、カロリング権力で生き残った門閥にあまり注意がはらわれることがなく、ウェルナーの分析には、断絶した門閥を取り上げることが少ないからである。しかし、現在の貴族門閥研究の精緻化は、ウェルナーの見解に軍配をあげているように思われる。

カール・ウェーバーによる最新のアルザス地方研究によれば、七世紀の中頃にこの地方に登場したエティコー家▲と称される大公職を掌握した有力門閥は、八世紀にアルヌルフィング＝ピピニードが権力を掌握し、アルザスに触手を伸ばしてきたときに一時没落するが、カールの時代にふたたび興隆し、アウストラシアばかりでなく、ネウストリアやイタリアまで伯として任官されて派遣されている。こうした事例はアルザスの名門だけにはとどまらなかった。したがってカロリング時代の「帝国貴族層」は、新旧の勢力の複合体であったとみるのがより実体にそくした理解であろう。

地方支配の主役であった伯とその下僚

古代ローマ帝国ではキウィタスと称される都市とそれを取り囲む周辺領域が、

▼パーグス　ローマ化された地方で、都市領域であるキウィタス(civitas)の下位単位を指す呼称。地域によっては都市領域の細分化された、さらに下位の空間を指す場合もある。メロヴィング朝時代には、それは伯の管轄領域となり、カロリング朝時代には伯領のさらに下位の単位領域を表現する名称となった。

国家統治の基礎的単位であったが、フランク王国ではそれは伯領(パーグス)▲であり、その統括者が伯であった。

カールが統治した時代のフランク王国は、地方統治の要《かなめ》として王国を伯管轄区に分割し、それが伯領と呼ばれたのである。それがはたして近代国家の行政区画のように隙間なく配置されたものか、それとも王権が安定的に権力を行使することができる地域のみに配された飛び石状のものであったかについては、歴史家の間でも論争があって決着がついていない。このこととは別に、カール大帝の支配に服した領域全体で約五〇〇の伯領が数えられたとされる。

伯という官職はメロヴィング朝において、古代ローマの地方統治の伝統を継承したコメス・キウィタティスとして知られているが、カロリング朝は制度の大枠は継承しながらも、農村開発によって拡大した定住地や、ゲルマン人が入植して新たに生まれた集落を包摂して、その数はメロヴィング朝期に比べて増加し、さきの数字となってあらわれた。

伯は管轄区のなかで、王権の意向を住民に伝達し、裁判集会を主宰し、軍隊を召集し、統率し、治安を維持し、軍役義務を怠った者からの罰金を徴収したり、あるいは懲罰をし、犯罪の追及と取締りをした。つまり国王の代理として、事実上支配と秩序の維持にかんしてすべてを掌握した。カールが征服後に伯として送り込んだ人びとは、このような権限をもって臨んだ。

伯領の広さは大小さまざまであり、ことに古くから定住が進んだガリアでは、多くがローマのキウィタス管区の枠組みを継承したこともあり、極めて広かった。そうしたところでは伯領はさらに小さなウィカリアという単位に分けられ、そこではウィカリウスという伯の下役人が比較的に小規模な領域を恒常的に統治した。その管区は史料では管轄区(ミニステリウム)とだけ呼ばれている。カール大帝がおりにふれて発布した法令や行政命令は、「勅令《カピトゥラリア》」という名称で知られていて、その相当数が伝来している。そこからは伯の下僚としてのウィカリウスの職務として、国王から派遣された国王巡察使《ミッシ・ドミニキ》▲のための護衛兵の選抜、巡察使と協力して恩給地▲を調査し、その結果を書面にすることなどの行政機能だけでなく、絞首台の設置や処刑の執行、敵や犯罪者を追跡する役目の二名の狼掛《ルパリウス》の維持などから、警察的機能も引き受けたことがわかる。

勅令からは伯とウィカリウスの司法上の役割分担のようすもみてとれる。伯

▼国王巡察使　俗人と司教などの高位聖職者が一組になって、国王の命令によってさまざまな案件を調査するために地方に派遣された。最初に確認されるのはピピン三世が七五一年に派遣した巡察使である。その後カール大帝が八〇二年から制度化し、八二五年には、巡察使の管区(ミッサティクム)が設置され、筆頭巡察使として大司教があたることになった。

▼恩給地　封建的主従契約の代価として主君から家臣に一代にかぎって与えられた土地のことをいう。八七七年のキエルジーの公会議で、恩給地を世襲的に相続することが認められた。これは当初例外的な事例として位置づけられたが、やがて一般的となっていった。

▼参審人　伯あるいはその下僚であるウィカリウスが主宰する裁判集会で判決発見の役割を担った役職。これはメロヴィング朝にラヒンブルゲンと呼ばれた役職にとってかわって、カロリング朝時代に設けられた制度である。

ロルシュ修道院の塔門　メッス司教クローデガングが建立した。塔門は凱旋門形式で階上部分の部屋の壁面には古代風のだまし絵が描かれている。

が主宰する裁判集会は年間をつうじて三回開かれ、そこには伯領のすべての自由人が出席しなければならなかった。これは定期裁判集会であるが、このほかに随時臨時裁判集会が開かれ、それは参審人《スカビヌス》▲と称される専門の判決発見人(フランク時代には陪審人はこのように呼ばれた)だけが出席した。伯とその下僚であるウィカリウスとの間に、管轄権の違いがあった。刑事事件や身分・土地などにかんする訴訟は伯の法廷のみが審理を許された。これにたいしてウィカリウスの法廷では、窃盗などの軽罪のみが裁かれるべきであると指示されている。

政治的上昇の梃子、伯職

カール大帝は実権を掌握した地方に、以上に述べたような大きな権限を与えて伯を送り込んだ。そうした国王の家臣からは、カロリング朝の崩壊後も任地に世襲的に勢力を蓄え、続く時代にさらに自立的な門閥として、中世貴族として勢力を拡大していく者も多く、なかには王位さえ射止めた門閥があった。その代表的な例がルペルティナー(ロベール一門)である。

この家柄はそもそも七六四年に創建されたロルシュ修道院の建設にかかわっ

ており、ライン川中流域のヴォルムス地方に所領を有する帝国貴族門閥に属していた。時代はカール大帝の孫の世代に属するが、八四〇年ころにこの門閥の一員であったクロドベルトゥス、すなわちロベール・ル・フォール▲が、ライン川地方から遠く離れたフランスのロワール川地方に姿をあらわし、河口に近い都市アンジェに拠点をかまえた。彼の父は同名のクロドベルトゥスという名前で、カールの息子ルイ敬虔《けいけん》帝の時代に国王巡察使としてマインツ地方で活動し、とくに寵愛を受けていたとされる。その息子が西フランキア（フランク王国）に赴いたのは、ルイ敬虔帝後半期のカロリング家内部の紛争が深くかかわっていたと推測される。

　ロベールは王朝の内紛で弛緩した王権の掌握力の弱体化に乗じて、アンジェ伯職だけでなく、ほかにロワール川流域にあるトゥールとブロワの伯職も獲得した。八六六年に、この地方一帯を荒しまわっていたヴァイキングを撃退するために向かったル・マン地方のブリサルトで戦死した。その息子ウード▲はパリ伯として名をはせ、八八六年にパリをヴァイキングの劫略《ごうりゃく》から護り、八八八年にカロリング家の血統以外ではじめてフランク国王に推戴され即位した。だ

▼ロベール・ル・フォール（八一五頃〜八六六）　ネウストリアの辺境伯。八四三年からシャルル禿頭王の封臣となって活躍した。アンジュー、ブロワ、トゥールなどのロワール川中下流域の地方を伯領として兼併し、ことにノルマン人の侵入への対処にあたった。二人の息子の一人がウードで、彼は八八八年に西フランク王国の王となり、もう一人の息子ロベールも、九二二年に短期間西フランク王として君臨した。カペー朝の開祖ユーグ・カペーは彼の孫である。

▼ウード（八六二〜八九八）　ロベール・ル・フォールの息子で、八八二年ころにパリ伯となる。ノルマン人の襲来に備えて、パリの防備を強化し、八八五年の大襲撃への防戦を指揮した。八八八年にカール肥満王（在位東フランク王八七六〜八八七、西フランク王八八五〜八八七）の後を継いで、西フランク王に推戴された。死にさいして、王位をカロリング家の血統に属するシャルル単純王に継承させるよう命じ、実現された。

が、彼の死後、甥《おい》のユーグ・ル・グランは王位を継ぐことをしなかったので、ふたたび権力はカロリング家に移った。それもつかのま、カロリング朝の血統を引くルイ五世が事故死したあと、ユーグの息子ユーグ・カペーが王国会議の推薦で国王に即位した。こうしてフランキアの土地に、メロヴィング家、カロリング家に続いて第三の王朝であるカペー朝が開かれることになった。

国王宮廷と伯領を結ぶ巡察使

ルイ敬虔帝の治世以降に体系化された巡察使制度は、カール大帝時代にも必要に応じて組織され、派遣された。それは基本的に一人の司教と一人の伯が組になって、そのときどきに必要な調査事項や課題に従って、一定領域を巡回し、その結果を国王に報告した。それは八二五年に巡察使管区が構築され制度的頂点をむかえた。

国王が発布した指令である勅令は、古典的見解によればつぎのように三つに分類される。すなわち「独立勅令」「部族法典付加勅令」「巡察使勅令」である。第一の類型は、王権がときどきの政策に応じて、その施行を命ずるものである。

船団をなして来襲するヴァイキング

▼ルイ五世（在位九八六〜九八七） カロリング王家の血統に連なる最後の西フランク王。九八七年に、ユーグ・カペーと連携したランス大司教アダルベロンを懲罰するために出陣したが、コンピエーニュの森で狩猟中に事故死した。相続人がいなかったために、カロリングの王統は断絶した。

▼ユーグ・カペー（在位九八七〜九九六） カペー朝の始祖で、セーヌ川とロワール川にはさまれた領域を支配した大公ユーグ・ル・グランの息子。トゥールのサン・マルタン修道院の俗人院長を務めたところから、聖マルティヌスの聖遺物とされた「短い外套」の意味をもつ「カペー」が綽名となった。九八七年に、

ルイ五世没後の王国会において、ランス大司教アダルベロンの支援によって、フランスの国王に選出された。九八七年から九九六年の死にいたるまで、フランス王として君臨した。

▼サリカ法典　フランク族のサリ支族の慣習を、クローヴィスの時代に文字にして編んだとされる法典(Pactus legis salicae)。カール大帝の時代に七二条に構成しなおされた。クローヴィス時代の編纂物がはたしてフランク人の古い習慣を文字化したものかについては、異論も出されている。

▼リブアリア法典　フランク族のうち、ライン川沿岸に住むリブアリア支族の法典。六三〇年から七五〇年ころに成立したとされている。地域的にアウストラシア分王国にある土地の法であるが、教会法やローマ法の影響が色濃くでていて、この時代のアウストラシア分王国の文化的状況も反映されている。

第二はフランク部族の古法であるサリカ法典▲、リブアリア法典▲や、のちに征服によってフランク王国に編入されたバイエルンやアレマニエンなどの諸部族の法典を、時代の情勢にあわせて補完する目的で発布する勅令。第三は、巡察使を派遣するにあたっての調査事項その他をもりこんだものである。この最後のタイプはやや奇異の感がしないでもない。派遣する巡察使にたいして個々の「業務命令」として託せばよいものを、なぜわざわざ勅令の形式で発布する必要があるのかという疑問である。「勅令」をめぐっては新たな視点からの研究がさかんにおこなわれていて、目下研究が進行中の問題であり、それゆえとりあえずは、フランク時代には個別の調査事項がこうしたかたちで公布されることで、巡察使の任務がよりスムーズに遂行されると考えたのだとしておきたい。

　巡察使の存在が最初に記録されたのは七八九年のことである。この年カールは、王国内の十五歳以上の自由人男子すべてにたいして、自分への誠実宣誓を命じた。人びとは裁判集会にあわせてやってきた巡察使の面前での国王カールへの忠誠を宣言した。一人ひとりの名前が記録されて、カールのもとにもたらされたに違いない。八〇二年には、今度は西ローマ皇帝となったカールへのあ

▼ヴェルダン条約　八四三年八月にヴェルダンでルイ敬虔帝の三人の息子、すなわち長男ロタール、次男ルートヴィヒ、三男シャルル禿頭王の間で王国を分割した条約。のちのメールセン条約をへてフランス、ドイツ、イタリアの三王国のもととなる地理的枠組みをつくった。

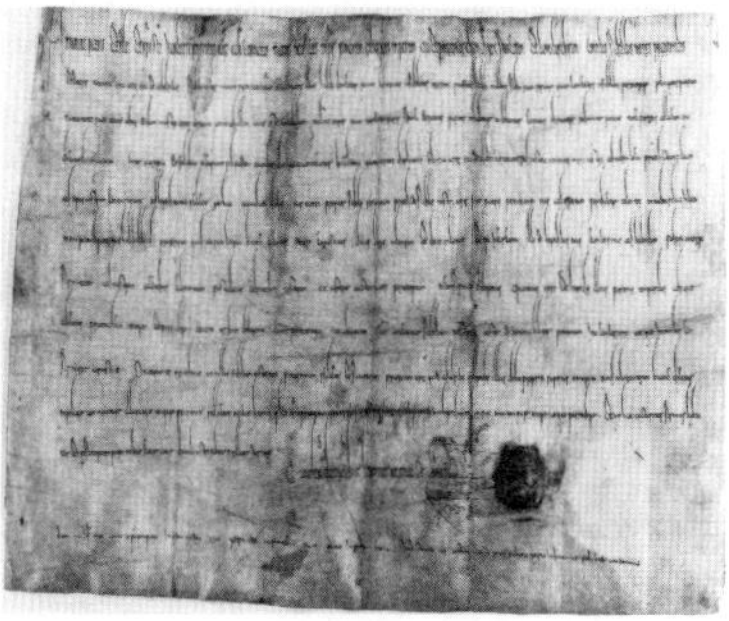

カール大帝が発給した証書（八一三年五月）

らためての宣誓が要求された。その結果は同じように、十月にアーヘンで開催された王国集会にもたらされた。八〇二年の勅令については、指示の言葉に「家臣が法により、その主人にたいして誠実であるべきがごとく」という一節があり、この字句から皇帝への誠実宣誓は封建家臣が主君にたいしておこなう宣誓になぞらえたと理解された。それゆえこの宣誓はすべての自由人を、封建的家臣として主君たるカールに奉仕するよう意図したものであったと考え、フランク帝国は封建国家であったとする見方もあった。だが、それは宣誓行為の外形的説明であって、比喩でしかないと考えるべきである。

また八〇七年ころとされる勅令には伯の下僚であるウィカリウスが、巡察使に協力して管区内の国王からの恩給地、それ以外の恩給地も含めて調査し、その結果を書面にして、これを国王のもとに提出するよう命じている。この種の悉皆《しっかい》調査があったればこそ、王国全体の財産や国力についての客観的な観念をもつことができるのであって、例えば八四三年のヴェルダン条約▲による王国三分割のような事態に対処できたのである。

④—社会と経済の姿

社会の身分的構図

カール大帝が生きた社会をどのように説明すれば読者に理解してもらえるだろうか。社会の最上層で君臨していたのは、いうまでもなく貴族であった。すでに述べた「帝国貴族層」と称される門閥の成員は、特権者のなかの特権者であった。メロヴィング朝と違って、カロリング朝の国王たちは自分の臣下である貴族層と縁組するのをいとわなかったので、高級貴族の一部は王権との姻戚関係を結び、カロリング家の血統と極めて近い関係にあった。帝国貴族層の集団にははいれないが、かなり広大な所領をもった中小の貴族もむろん存在し、王権への奉仕によって、帝国貴族の仲間にはいるために、宮廷で勤務する知人や血縁の者に、ことあるごとに執りなしを頼んだことであろう。そうした中下層の貴族のなかから、征服戦争での武勲や統治活動での功績により、伯に補任され、やがてヴェルフェン家▲やエティコー家やロベール家▲などのように、いつの日か自分たちも特定の名前の継承が、一門のトレードマークになるような高

▼**ヴェルフェン家**　中世ドイツの諸侯のなかでも屈指の名に属する門閥。カール大帝時代にすでにバイエルン地方の有力門閥として知られていた。ルイ敬虔帝の再婚相手のユーディトはこの一門の女性であった。彼女の妹エンマはルイ敬虔帝の息子ルートヴィヒ・ドイツ王の妻となっている。

▼**ロベール家**　もともとはライン川中流域のヴォルムス、マインツ、ロルシュなどの諸地方に所領を有していた門閥で、ルペルトと称していた。この一門に属するロベール・ル・フォールがシャルル禿頭王の時代に、ランス地方を経由して、ロワール川中流のアンジェ・トゥール地方に根をおろした。この一門は約一世紀後に、カロリング王朝に続くカペー王朝を開くことになる。

級貴族として、帝国貴族のグループに加わるのを夢みていた。
数のうえで圧倒的に多数派であったのは農民である。ローマ支配の末期ころから西欧では独立の自由な身分の農民が多数を占めていたというのが、現在この時代の社会を研究する歴史家の支配的な見解になっている。さまざまな度合いで自由を制限されている従属的な存在(その最たるものが奴隷)はいたが、それはあくまで少数であった。歴史的にみると、身分関係はときどきの社会の仕組みや、権力関係によって大きく変化するのであり、自由な身分の農民がさまざまな条件の変化のために、のちに隷属化していくこともまれではない。またフランク王国のなかでも地域によって状況が異なり、一律に考えるのは危険である。

貴族と農民のほかに、商人や手工業者、漁民や季節労働者などの多種多様な人びとが存在した。しかし、こうした人びとはすべて「労働をする」人間としてひとくくりにまとめられた。社会は「祈る者」「戦う者」「働く者」、すなわち聖職者、貴族・戦士、勤労者の三つの身分から成る、という有名な三身分論▲は十一世紀にラン司教アダルベロンの言葉として有名であるが、それはカール

▼三身分論　社会を構成する原理についての思想で、インド＝ヨーロッパ語族に共通した観念の系譜を引くか否かについては議論がある。有名なのはラン司教アダルベロン(在位九七七～一〇三〇)が『国王ロベールに捧げる頌詩』のなかで、社会は祈る者、戦う者、耕す者から成るという三身分論である。

吹流しを押し立てて戦場に向けて行軍するカロリングの騎兵　『黄金詩篇』より。ザンクト・ガレン修道院。

大帝の時代にすでに確立した観念であった。

貴族と戦争

ローマ末期からポスト・ローマ時代への時代転換の過程で、貴族の性格は大きな変化をみた。ローマ時代の貴族は行政官であり、教養を備えているのがその特徴であったが、メロヴィング朝時代になると、貴族は戦士となる。六世紀には、平均するとほぼ二年おきに戦争がおこなわれ、貴族の軍事化にいっそう拍車がかかった。それはカールの時代とは異なり、他王国への遠征を除いて、圧倒的多数は、アウストラリア、ネウストリア、ブルグンドなどの部分王国間の戦争であり、さらにはゲルマン的カラーが色濃い北の勢力の、ローマ的伝統をもち、より富裕であった南ガリアへの略奪遠征であった。

カール大帝の治世では、すでに述べたように四七年間の統治期間のなかで、軍事遠征がおこなわれなかったのは、七九〇年と八〇七年のわずか二年だけであった。そのうちの七九〇年は、翌年のアヴァール人への遠征のためにドナウ川を渡河するための橋梁《きょうりょう》船の建造や、ライン川とドナウ川とをつなぐ「カー

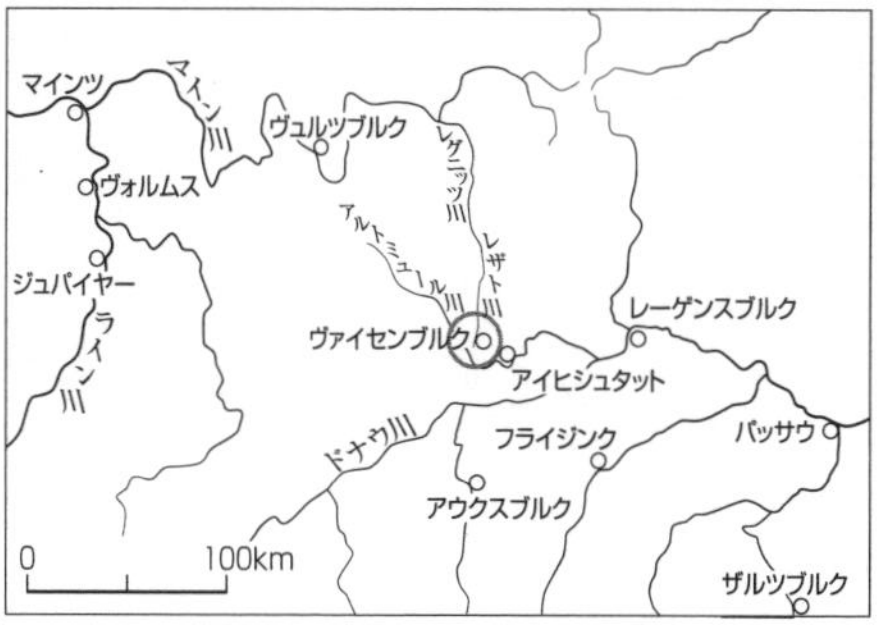

ヴァイセンブルク(バイエルン)**近くのカールの濠**

ルの濠《フォッサ》」と呼ばれる運河掘削の大土木工事に人的物的資源を投入していたからであった。カールは治世の全期間を軍事遠征に費やしたといってもよいであろう。

こうした戦争の動機は、むろん対外膨張による支配領域の拡大にあったが、同時に戦争による財貨(動産)の獲得もこれに劣らないものであった。メロヴィング朝の内部侵略、カロリング朝の対外侵略はそもそも同じ動機に発していた。アヴァール人からの徹底した略奪はそのことを物語っている。

カロリング朝が属した歴史的文脈は、そうした指向性をいやがうえにも高めるものであった。イスラーム圏のアッバース朝が集積・吸引した莫大な富が、商業交易その他のかたちで、西ヨーロッパをはじめとする周縁地域に流れ込んだのである。ヴァイキングが八世紀末からイングランドを手始めに、ことに西フランキア(フランク王国)を恒常的に略奪してまわったのも、アッバース朝の繁栄の余得に与ったフランク王国に蓄積された富をねらってのことであった。戦争理論の大家として有名なカール・フォン・クラウゼヴィッツが「戦争は芸術でも、科学でもない。それは社会生活の一領域である」と述べたが、この言

季節の農事　上段は二頭立ての牛による重量犂での犂返しの図。耕地の深部まで犂の刃を入れて土を返すことにより、酸素の供給が十分に行なわれ、種子の発育条件を改善できた。カロリング朝期には四頭立てで、犂に車輪が装着された重量有輪犂による犂耕も行なわれた。『シュトゥットガルト詩編』より。ヴュルテンブルク・ラント図書館所蔵。

葉は、まさしくカール大帝時代にもっともよくあてはまる。あるいは「経済生活の一部でもある」と付け加えてもよいかもしれない。

農業生産の基盤

　ポスト・ローマ時代の農業は、基本的に独立の小規模経営の農民が主役であり、ことにゲルマン人の入植が大量におこなわれた北部や東部では、いち早くローマの租税制度が崩壊したとされる。イギリスの歴史家で近年初期中世社会について大きな見取図を描いた大著を出版したクリス・ウィッカムは、ポスト・ローマ期の農民は、国家的賦課《ふか》から解放されて、いっさいの収奪からまぬがれた時期を送ったと主張している。それは身分的に自由で、自立した農民の生産水準があまりに低いために、支配者の関心を引かなかったからだとされる。

　だが七世紀半ば以後は状況が変化する。ヨーロッパではそれまでのどちらかといえば寒冷多雨な気象から、小麦栽培に適した温暖で乾燥した気候が支配的になった。フランク王権の所領が集中してみられたライン川中流域やパリ盆地では、数千ヘクタールの規模に達する大所領の存在が特徴である。ここでは奴隷や従属農民などが、そうした大所領でみられた。ここでは学説史のうえで長く支配してきた古典荘園▲と呼ばれる、二分型所領が多く存在した。二分型とは所領が、奴隷や従属農民あるいは季節労働者を使役して領主が経営する部分と、周辺の保有農民を使って生産をおこなう農民保有地、この異質な二つの部分から構成されている所領類型である。現在では、その意義はそれほど高く評価されず、王権の所領が集中した地方でみられた、かぎられた現象であったとするのが支配的である。

　おそらくカールが皇帝戴冠以前に発布したと推定される「御領地令▲」や、戴冠後のものと思われる「資財範例帳▲」などは、カールの所領経営への関心をよく示している。

交換経済の活性化

　カールの時代のフランク王国では、人びとは決して自然経済のもとで生きていたのではなかった。古典荘園の直領地部分は、領主が生産の効率化を直接に監督できるような体制に整備されていて、それはここからの収穫を市場で販売

▼**古典荘園**　カロリング朝時代の記録をもとに理念的に構成された荘園モデル。その特徴は領主直領地と農民保有地の二つの部分から構成されていて、前者はおもに奴隷的な非自由人により耕作され、後者は身分的に自由な近隣の農民により耕作された。

▼「**御領地令**」(Capitularia de Villis)　多くの歴史家が、この勅令はカール大帝が皇帝戴冠前の八世紀末ころに発布した勅令とみなしている。全体で七〇条から成り、所領管理役人が農業生産や賦課徴収について、毎年詳しく報告するよう定めている。

▼「**資財範例帳**」(Brevium Exampla)　伝来している唯一の写本は、「御領地令」を伝える写本に収録されている。その正確な標題が「教会財産および国家領を記録するための範例」となっており、北フランスの国家領やバイエルン、アルザス地方の修道院の所領管理の記録が例示されている。

することを念頭においていた。農産物は一般に安価であるため、市場での取引に、高額貨幣の金貨（ソリドゥス貨）では不都合であった。七世紀後半から小額の銀貨の流通が増加するが、これは穀物その他の食料品や、鍋釜などの日常生活物資の取引が活発になった証拠とみることができる。

このような取引には、正確な度量衡体系が不可欠である。さきの「御領地令」に定められている度量衡原器を宮廷に保管するようにとの指令は、流通政策の面からのインフラ整備の側面があったと考えなければならない。

さらに興味深いのは、大帝の時代に農業の生産性の顕著な伸びがあったと推測される規定が、八〇二年のものとされる勅令にみられることである。すなわちその四四条で、度量衡の厳格な運用にふれたあと、「以前に三モディウスを二与えたものは、二モディウス与えること」と述べ、かつての三モディウスを二モディウスとして計量すべきこと、すなわちモディウス単位の五割の増量を命じている。それは計量対象である穀物が、総体として増産されたことの反映とみられるのである。

▼ソリドゥス　金貨の貨幣単位。基本的には銀貨であるデナリウスとの比率は、銀貨一二デナリウスが金貨一ソリドゥスに、またポンド単位では銀貨二〇ポンドが金貨一ソリドゥスとして換算された。だがこれはあくまで公定比率であり、金銀純分のありようで換算率は変動した。

▼モディウス　穀物などを計量する単位のこと。この呼称はローマ時代から継承してきたものであるが、その絶対的な容量がどれほどであるかは、時代によって異なり確定が困難な問題である。カロリング朝時代の一モディウスはメートル法に換算すると五二リットルが定説になっているが、小さすぎる数字と思われる。

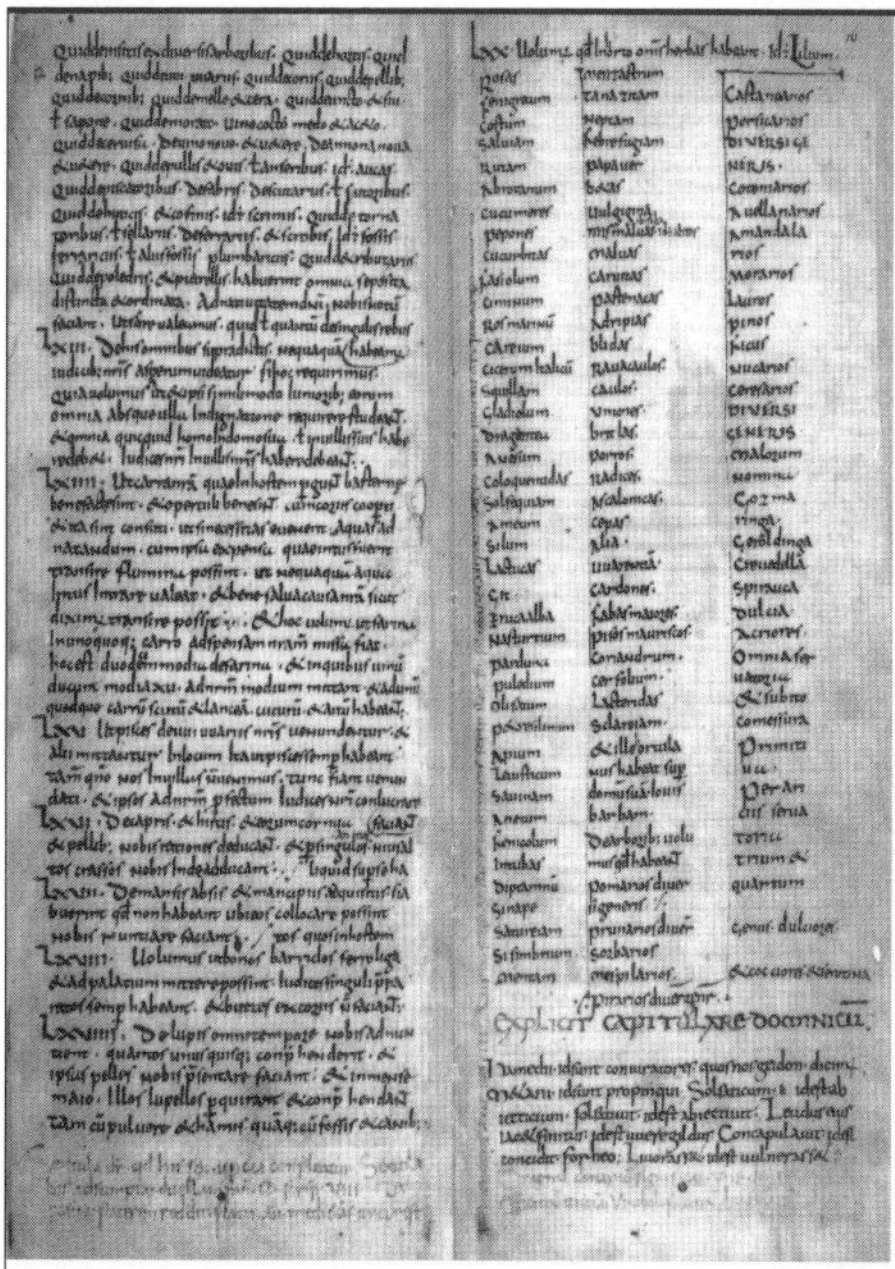

「御領地令」(ヴォルフェンビュッテル図書館所蔵)

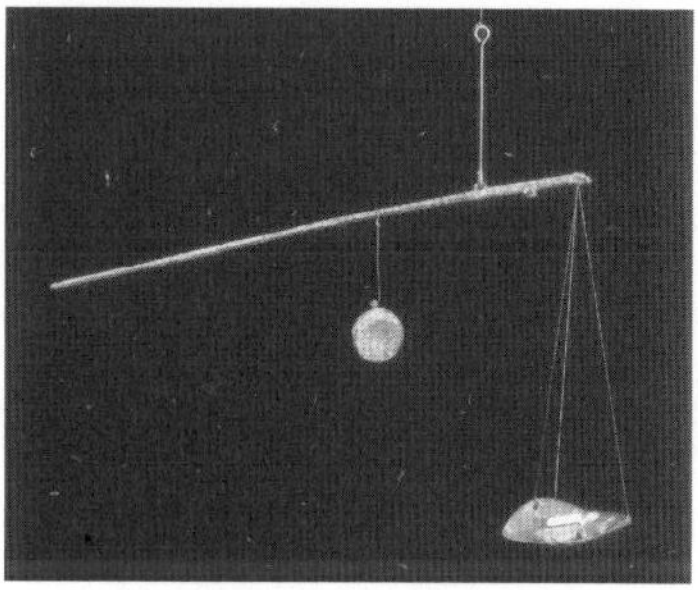

墓地から出土した天秤

重量で価値をはかられるために断ち割られようとしたペニー銀貨

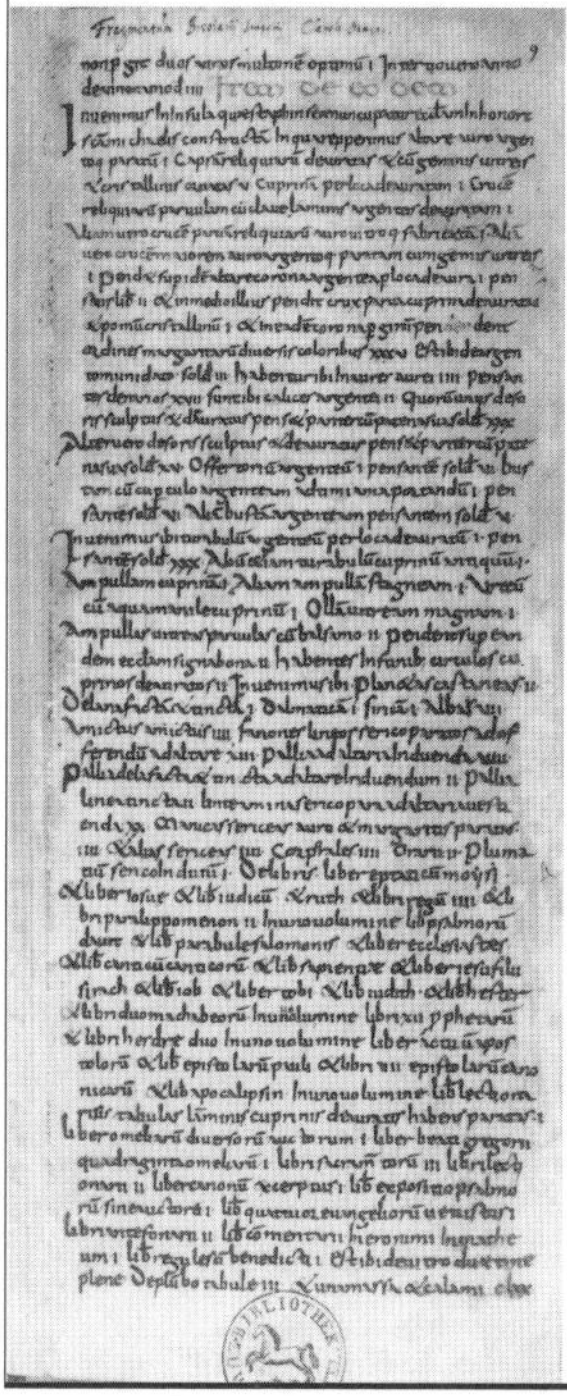

「資財範例帳」

カロリング朝の輸出品

アッバース朝や後《こう》ウマイヤ朝▲などのイスラーム世界への輸出品としての外貨稼ぎの筆頭は奴隷であった。メロヴィング朝のダゴベルト一世▲の時代から、ボヘミア地方などのスラヴ人居住領域でとらえた人びとを、フランキアに連行し、去勢をおこなったうえでイスラーム世界の後宮で働ける奴隷として取引することは、さかんにおこなわれていた。マース川に面したヴェルダンが奴隷の集散地で、ここで去勢がおこなわれ、そしてソーヌ、ローヌ川などの河川を利用して、地中海に送り、そこから海路イスラーム圏に運ばれた。文字記録の証言によれば、九世紀の北アフリカのトリポリ向けの船に、一隻当たり奴隷一〇〇〇〜一五〇〇人が詰め込まれたという記録が残されている。これは随分大きな船載能力を備えた船の部類にはいるであろう。沈船の残骸からえられるデータは、全長二〇メートル、幅五〜六メートルで、積載能力五〇〜六〇トンあたりが標準であったようである。

このほかに良質な砂鉄を産するマンハイムやシュパイヤーなどのライン川地方で作製された刀剣が、さかんに輸出された。優れた武器はフランク人の敵手

▼後ウマイヤ朝　ウマイヤ朝が滅亡したとき、第一〇代カリフ、ヒシャームの孫であったアブド・アッラフマーンがイベリア半島に逃れ、コルドバを拠点にして後ウマイヤ朝を興した。第八代アブド・アッラフマーン三世（在位九一二〜九六一）の治世に最盛期をむかえた。

▼ダゴベルト一世（在位六二九〜六三九）　メロヴィング朝の国王。六二三年にフランク王国の単独の支配者となった父クロタール二世を継承し、引き続き単独で王国全体を支配したが、のちに息子シギベルト三世をアウストラシア分王国の王に任じた。その治世は長くはなかったが、彼の宮廷からは多くの有能な司教や修道院長が育ち、フランク王国におけるキリスト教の伸展に大きく貢献した。

にわたっては困る物資であるから、カールは輸出禁止令を出しているが、あまり効果はなかったようである。高名な刀剣匠の同じ銘が刻まれた刀が、考古学的遺物として数多く出土している(六六頁上段参照)。当時のイスラームの歴史家イブン・フルダズビー▲によれば、フランク王国で鍛造《たんぞう》された刀を商ったのは、ヴァイキングの一派であるルーシ人▲であった。ライン川河口にある交易地ドレスタット(六七頁上段参照)で八本が、スカンディナヴィア地方から七九本が出土している。ここから、多くのフランク製刀剣が八世紀半ばに開かれたロシア経由のルートでバグダードまで運ばれたことがうかがえる。

戦う司教

フランク王国には二〇〇の司教座と、七〇〇の修道院が存在した。修道院のような俗世から切り離された境遇で生きる人びとも、社会の一員であるが、ここでは俗世で生きる聖職者に焦点をあてよう。

フランク王国の聖職者は、司教管区単位で組織されていて、司教がその頂点にあった。聖職者として司牧の務めであるミサ・典礼に勤《いそ》しむとともに一面

▼イブン・フルダズビー(八二〇頃～九一二) ペルシア人の九世紀のイスラーム地理学者。その著書『諸国・諸道の書』は、全体が七部構成で、世界地理の記述や西方と東方、アラビア半島の街道について紹介されている。

▼ルーシ人 「ロシア」や「ロシア人」という言葉のもとになった東スラヴ系の民族の名前。語源については十八世紀に論争があり、スカンディナヴィア起源を主張する学者と、スラヴ起源を説く学者との間で意見が分かれる。ロシアの学者はそれは黒海北岸、ドニエプル川近くに住むスラヴ人に由来すると考えている。

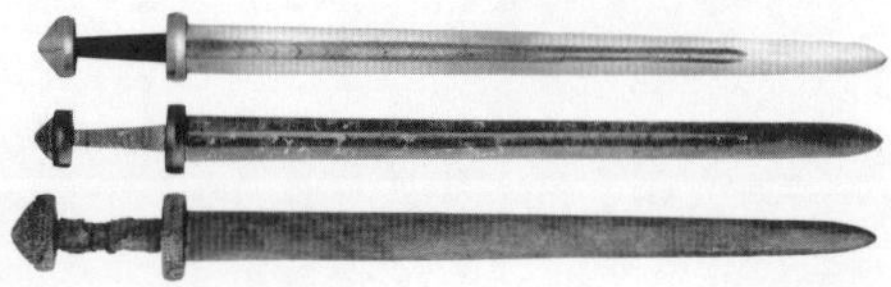
カロリング朝時代につくられた両刃の剣(スパタ)

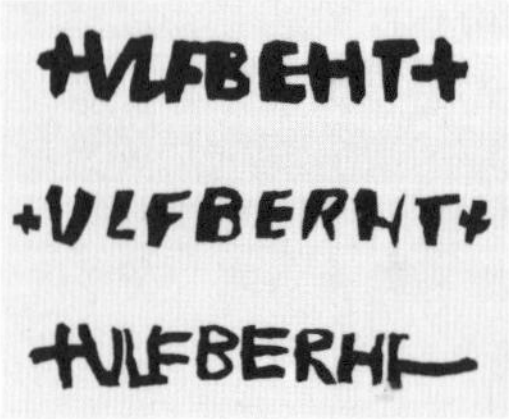

ウルフベルトの三種類の銘

では権勢ある教会官僚としての顔をもっていて、宮廷で有力貴族と対等に渡り合える存在でもあった。有力門閥は、男子のうちの一人を聖職者として経歴を積ませるように配慮したが、それは聖界にも権力基盤を築くことにより、その地位の安泰をはかるのがねらいであった。

そもそもメロヴィング朝の国王たちは、ガリアにおいて都市を事実上統括している司教の任命に影響力を行使し、司教の都市支配を介して当該地方を王権のもとに統合することを行なってきた。カール・マルテルはこれをさらに進めて、俗人を司教や修道院長に任命した。その極端な例は、カール・マルテルがネウストリアを掌握するにあたって、異母兄弟ドロゴの息子ユーグに、パリ、ルアン、バイユー、リジュー、アヴランシュの司教を兼併させ、サン・ドニとジュミエージュの修道院長も兼任させたことである。ここには、教会・修道院財産の還俗をより容易におこなえるようにとの思惑も働いたのはいうまでもない。

こうして教会はフランク王国という国家の「道具」となった。聖別や説教がおこなえず、騎馬の訓練や狩猟に明け暮れる司教や修道院長が増加した。彼ら

カロリング朝時代のドレスタット復元鳥瞰図　考古学的所見にもとづいて描かれたライン川に突き出した無数の桟橋が印象的である。

は軍事遠征があれば喜んで武器をたずさえて出軍したが、それは国王への義務でもあった。とくに修道生活の弛緩ははなはだしく、ルアン近くにあるサン・ヴァンドリーユ修道院歴代院長の事績録には、この時代に金銀の典礼用聖具を溶かしてつくらせた腕輪をつけ、装飾をほどこした革帯を締め、乗馬用の鞍や拍車を新調する院長があげられている。彼は俗人そのものであり、「祈る者」とは到底いえなかった。社会の軍事化は極点にまで達したのである。

だが忘れてならないのは、この時代に同時に「カロリング・ルネサンス」と呼ばれる文芸・学術の一大復興現象がみられたことである。その担い手の少なからぬ人びとが教会人や修道士であった。これをどのようにとらえるか、これは続いて章を改めて論ずることにする。

⑤—文芸の復興と宗教規律の改革

遠い漣《さざなみ》

カロリング朝支配の文化的側面で、特筆に値するのは古典古代の文芸を復興させようという機運の高まりであり、王権はこの文化運動の庇護者としてその実現に力をそそいだ。それだけではなく、カール大帝のように自らの宮廷をその中心として育て、参加するような君主もでたのである。

こうした文化的趨勢の起源に目をこらすとき、見えてくるのは七世紀に始まるイスラームによる征服と支配の拡大であった。イスラームの勃興《ぼっこう》と西方への拡大は、東方の知識人・教会人の大規模な亡命のうねりをつくりだした。その主要な亡命先がイタリアであった。なかでも教皇の支配する都市ローマと、ギリシア文化を色濃く宿していたシチリアや、ベネヴェント公国などの南部の地方がその中心であった。ローマでは七世紀から九世紀にかけて、東方系の修道院は六から一一修道院に増加し、東方から逃れてきた修道士や聖職者が数をましていったことを示している。

こうした動きは、教皇座の構成にも反映せずにはおかなかった。八世紀初頭には、シチリアや東方出身の教皇が多く選出され、教皇庁でもギリシア語の比重がにわかに高まった。亡命聖職者のなかにはギリシア語、ラテン語の双方につうじていた者も少なくなかったが、ラテン語につうじていない聖職者も多かったことから、ラテン語の作品、例えば教皇大グレゴリウス▲の傑作『対話』のギリシア語訳がつくられたりした。

他方では東方の教会人が亡命先にもたらした既知の、あるいは未知のギリシア語写本もただならぬ数にのぼった。こうした作品はギリシア語に堪能でない聖職者、あるいは俗人のためにラテン語に翻訳された。こうしてローマは八世紀の中頃に、ラテン語、ギリシア語、二つの言語で書かれた写本を大量に供給できる素地ができあがっていた。

教化と規律化の波

他方において、フランク王国やイングランドでは、宗教的な改革の動きもこの時期に胎動していた。七一一年にイングランドから修道士ウィルフリドゥス

▼**大グレゴリウス**（在位五九〇～六〇四）　ローマ帝国のセナトール（元老院）貴族の家柄に生まれ、ローマ都督のような顕職を経験したのちに、財産を処分し修道士となった。彼は修道士から教皇に叙任された最初の人物である。イタリアは当時ランゴバルド人の侵入の危機を経験しており、彼は先頭に立って防衛を組織した。旧西ローマ帝国の版図をこえてキリスト教の布教を構想したのもグレゴリウスが最初であった。カンタベリー大司教となるアウグスティヌスをイングランドに派遣し、この地へのローマ典礼の導入をはかったのはその表れである。

が、同国人のウィルブロードとともに、まだキリスト教化されていなかったライン川河口地帯に住むフリーセン人のもとに宣教のために訪れ、活動した。教皇グレゴリウス二世はウィルフリドゥスにラテン風のボニファティウスの名前を与えて、ヘッセンやテューリンゲンなど、まだキリスト教化が進んでいない土地の宣教を委ねた。これら「ゲルマニアの地」の教化とそれに仕える修道士を養成する拠点として、七四四年にヘッセン地方にフルダ修道院▲を創建した。やがてマインツ大司教に任命されたボニファティウスは、カロリング家のピピン三世やその兄弟カールマン、そしてメッス大司教のクローデガング▲と協力して、フランク教会の改革にも取り組んだ。

　彼らの改革綱領の内容は、カール大帝が治世の最初の時期に発布した勅令に謳われるとともに、その後王国会議でも事あるごとに宣言された。それが意図するところは、カールに仕えたオルレアン司教テオドルフス▲の言葉を借りるならば以下のようである。

　それゆえ以下のことは、大帝の脳裏を離れることはなかった。すなわち司教諸卿は絶えず聖書の言葉、賢明で健全な教義を探究し、聖職者はみな規

▼フルダ修道院　聖ボニファティウスの弟子ストゥルミウスが七七四年にヘッセン地方に建立した修道院。ここはやがて中世の宗教的・知的・文化的中心となり、全ドイツでもっとも高い威信を有する修道院となった。カール大帝時代にアルクインの弟子として知られるラバヌス・マウルスが院長を務めた。

▼クローデガング（八世紀初め〜七六六）　アウストラシア貴族で、カール・マルテル時代に頭角をあらわし、ピピン三世によりメッス司教に任じられた。国王に即位したピピンの命令でローマに赴き、教皇ステファヌス二世のフランク王国招聘を実現し、在俗聖職者が修道士と同じような生活をするように定めた『クローデガングの戒律』を編み、教会参事会を制度化した。

律を持し、哲学者は神と人間の事象についての知識を具え、修道士は信仰生活に身を捧げ、かくしてすべての者があまねく尊厳をおび、助言において卓越し、裁きにおいて正しき判官たり、戦いにおいて有能なる兵士たり、身分高き聖職者は謙抑《けんよく》たり、臣下たる者は従順たるべく、すべての者はあまねく賢慮と正義と剛勇と自制と協調をむねとすべし。

正しい写本にもとづいて学び、適切な判断と行動の規範を身につけ、厳しい自己規律を持し、組織は整然と機能することなどが、非常に強調されている。この改革の実施において、カール大帝に仕えた司教や修道院長は鍵となる役割を期待された。西ゴート人でイスラームの支配を逃れてフランク王国に到来し、大帝の寵遇をえたテオドルフスのさきの引用は、大帝の改革の意を正確に理解している者の言葉であった。

書写活動の隆盛とカロリング小文字の出現

聖書の正しい解釈や教義の細部にわたる理解のためには、正しい教本が不可欠であり、また神学的探究には古代の教会理論家の著作や、哲学者の考えに学

▼テオドルフス　カール大帝の治世に西ゴート王国からフランク王国に逃れ、オルレアン司教となり、同時に同じ司教管区にあるフルーリィ修道院の院長にも任命された。優れた文人であり、また神学者でもあった。その作品はジャンルのうえで多岐にわたり、その数も非常に多かった。晩年には廃位に抵抗したイタリア王ベルナルドゥスを支持したため、諸職を解かれアンジェの修道院で没した。

聖ボニファティウスによる洗礼および彼の殉教

▼**ベネディクト・ビスコップ**(六二九〜六九〇)　ノーサンブリア王国の修道士。カンヌ沖のレランス島の修道院やローマで修道生活をし、帰国するとノーサンブリアの東海岸にウェアマス＝ジャーロウ修道院を建立した。生涯に六度ローマやガリアに足を運び、膨大な書籍をイングランドにもたらし、修道院の書庫を豊かにし、文化的な興隆に大きな貢献をした。

び思想を深めることが欠かせない。このため写本の蒐集が熱心に求められた。さきに八世紀初めころに都市ローマが一大写本供給センターになっていたことを述べたが、すでに七世紀後半からイングランド(ノーサンブリア)の修道士ベネディクト・ビスコップ▲は生涯六度ローマとイングランドを往復し、数多くのギリシア語とラテン語の写本をイングランドの修道院にもたらし、そうした動きの先鞭をつけていた。

イングランドでも大陸でも、修道院は新たに入手した写本を自らの書写室で写し、こうして同じ作品の写本の数は増加し、修道士の勉学の利便を高めた。同時にまた希少な写本の写しを数多くつくることで、火事や戦乱によって著作が永遠に失われてしまう事態を回避し、そうした著作が現代まで伝わることに大きく貢献したことも忘れてはならない。末期ローマの歴史家アンミアヌス・マルケリヌスの『歴史』や、タキトゥスの『ゲルマーニア』などは、フルダ修道院で九世紀につくられた写本一点だけで、今日まで伝来しているのである。印刷術がなかった当時、書きおろされた著作は、写本を数多くつくらなければ消え去る運命にあった。希少生物絶滅の危機とは比較にならない厳しい条件におか

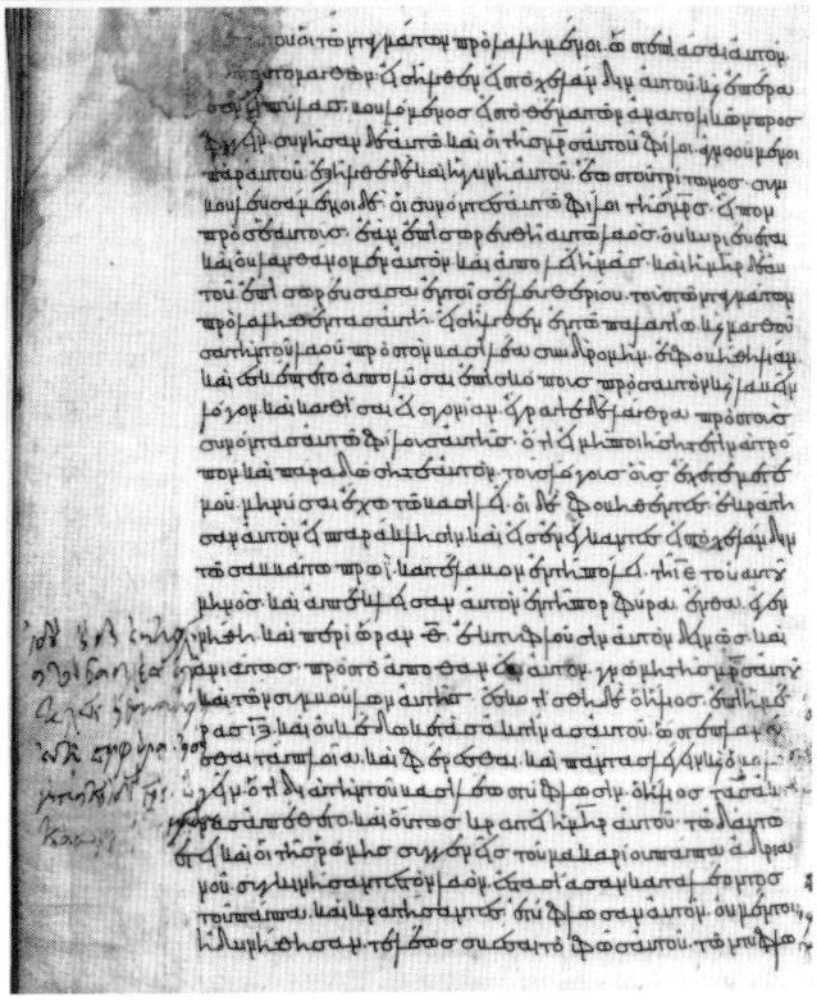

●―『テオファネスの年代記』（ギリシア語）写本

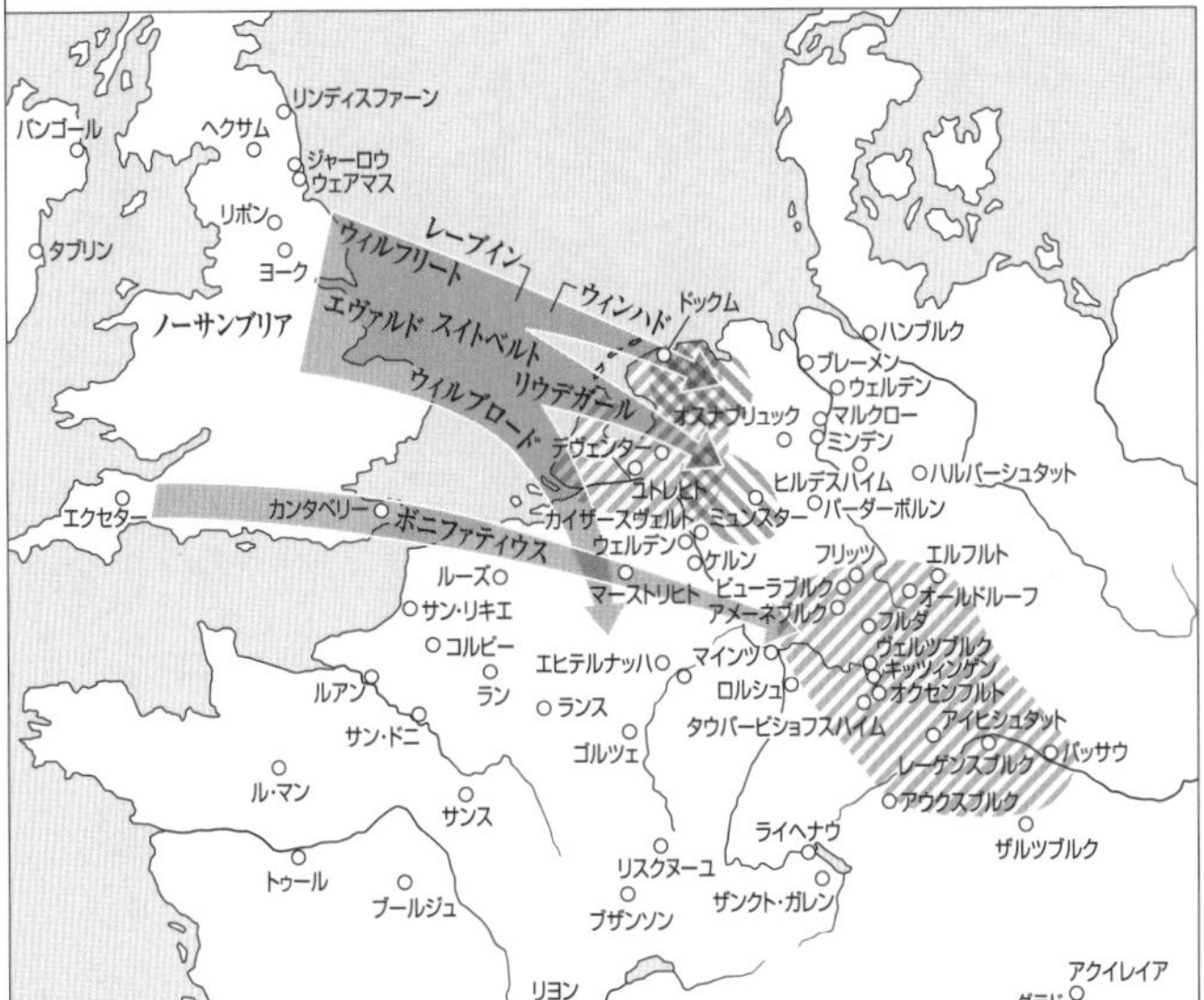

●―アングロ・サクソン人によるゲルマニア、フリースラントの宣教

「一般訓令」の写本の一部

ribiq; sociant aut scole legentium puerorū
fiant psalmos notas cantus cōpotū grām
maticā p singula monasteria uel episcopia.
& libros catholicos bene emendatos q sepe
dū bene aliquid dm̄ rogare cupiunt sed p in
emendatos libros male rogant & pueros

▼カロリング小文字　八世紀末から八三〇／八四〇年代に北フランスのコルビー修道院の書写室で創案された小文字書体。字高や字径は一定で、語単位で他と区別されて読みやすく、ラテン・ヨーロッパ全体に普及し、知的・宗教的改革に大きく寄与した。

れていたのである。

カロリング朝の文芸・学術のルネサンスが開始される以前の八〇〇年以前には、ラテン世界には今日知られるかぎり二〇〇〇点の写本しか存在しなかった。だがそれに続く一世紀間だけで、約八〇〇〇点の写本が生み出された。それはこの知的ルネサンスのもつ意味の大きさがうかがえる数字である。

この豊穣な書写活動に関連して忘れてならないのは、書体の改良と正字法の厳しい要求である。カールは七八九年に布告した「一般訓令」のなかで、典礼用の書物の書写について規定を設け、書写が熟達した者の手でおこなわれるべきこと、細心の注意をはらってはたされるべきことを命じている。正しい綴字を用いなければ、神の言葉を正確に伝えることができないというのが、大帝の側近であったアルクインの考えであった。

正確で読みやすい文字により、文字の伝達力を高めるためになされた改良の成果がいわゆる「カロリング(カロリーナ)小文字▲」と呼ばれる書体の発明である。

古代ローマの草書体から発展したラテン文字アルファベットの書体は、連綴《れんてつ》

▼連綴文字（リガチャー）　中世初期のラテン語書体で、しばしば二文字が一文字として表現されることがある。これを連綴文字と呼ぶ。今日でも使われているのが接続詞「et（＝and）」を&のように書き記す例である。これはeとtとが連綴されたためである。

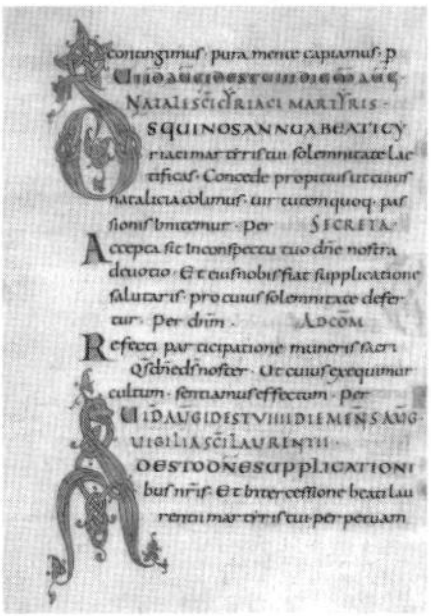

カロリング小文字で書かれた典礼書

メロヴィング朝草書体の連綴文字の例

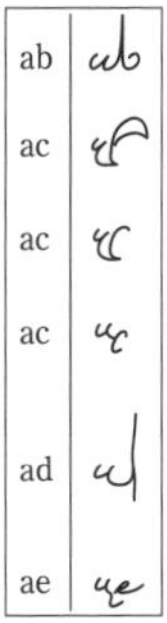

文字▲と称される、二文字をあたかも一文字のように表記する綴字法が多く、非常に判読が難しく、また語と語の間に余白がなく、分節が容易でなかった。むろん文法に熟達していれば、切れ目はおのずと明らかであり問題はないのだが、ラテン語を生活言語としない者にとっては、それは簡単なことではなかった。カロリング小文字の出現は、文字の読みやすさ、語の分節化の容易さ、綴りの正確さ、書体の美しさなどの点で、旧来の写本のあり方を一新した。

書物という知的活動にとってもっとも基本的な媒体の革新は、知的活動すなわち文芸や学術の活動にも大きな刺戟を与えることになった。

カール大帝と文人たち

こうしたキリスト教信仰と教会の規律化、さらに識字文化の普及の側面は重要であるが、カロリング・ルネサンスが喧伝《けんでん》されるとき、多くの場合焦点となるのはカールの膝下《しっか》に集まった多くの知識人の国際色豊かな顔ぶれと、彼らの絢爛たる才能の発露を楽しむ大帝自身の姿である。

ここでその顔ぶれを逐一紹介したり、その作品を鑑賞したりする余裕はないが、その代表的人物や、大帝と彼らとの交友について、その一端を述べることにする。

君主の理想の姿を「哲人王」、すなわちギリシア語で「バシリコス・ロゴス」、ラテン語で「レクス・ドクトゥス」として形象化する作法は、アリストテレス以来の古い伝統であった。メロヴィング朝の放恣《ほうし》な規範しかもたないようにみえる王たちにさえ、同時代の宮廷即興詩人であったウェナンティウス・フォルトゥナトゥス▲は王としてのあるべき姿をそのように描いてみせていたし、カールの師傅《しふ》となったアルクインもまた、七七九年にカールに宛てた書簡のなかでつぎのように述べている。

もし多くの人びとが、陛下が考える学問の素晴らしい目的に向かって邁進《まいしん》するならば、新しいアテネがおそらくフランキア〔フランク王国〕に生まれるかもしれません。まさしくより洗練されたアテネが。このアテネは主キリストの教えにより高貴にされ、アカデメイアが学問でえた知識をことごとく凌駕します。プラトンの教えに学ぶだけのあのアテネは、その卓越と名声を自由学科▲によってえていました。新しいアテネは聖霊により七倍も

▼**ウェナンティウス・フォルトゥナトゥス**（五三〇／四〇頃〜六〇〇頃）　イタリアのヴェネツィア地方の町トレヴィゾに生まれ、メロヴィング朝で宮廷詩人として活躍し、ポワティエ司教としてこの世を去った。彼がつくった多くの賞賛詩は重要な歴史史料である。

▼**自由学科**　古代ローマの古典教育の規範的学科構成のこと。人文系の三科として文法、修辞学、弁論術が、四科として計算、幾何、天文学、音楽が設定された。これらあわせて七科が自由学科と称される。

アーヘン宮廷の礼拝堂

アーヘン宮廷復元図

豊かになり、世俗の達成をことごとく凌ぐのです。

この「新しいアテネ」というヴィジョンは、カール大帝以前には知られていなかった観念である。「新しいアテネ」に君臨するのは、いうまでもなく「哲人王」であり、この昂揚したイメージをアルクインのなかで醸成したのは、日々アーヘン宮廷、あるいは離宮のインゲルハイムなどで、才能あふれた文人にかこまれた大帝がもつ知的な時間への思い入れであったに違いない。

七九四年、カール大帝が五十歳をむかえるころにアーヘンの宮廷が完成した。これ以後、大帝はしだいに長く新しい宮廷に滞在するようになる。今日まで残っているのは有名な八角形の礼拝堂であるが、これに接するかたちで奥行四六メートル、幅二〇メートルの大広間があり、ここで外交使節を接遇したり、王国会議などを開催したりした。このほかに大帝の寝室や家族の生活する部屋や厨房などの施設があり、そこで立ち働く使用人の空間も確保されていた。

国王宮廷のそばには、宮廷を常勤の場所とするような顧問格の司教や修道院長、そして文人たちの住居が独立の住処《すみか》として配されていた。カール大帝の治世にその文名を高めたおもだった人たちも、このようにして日々大帝に仕え、

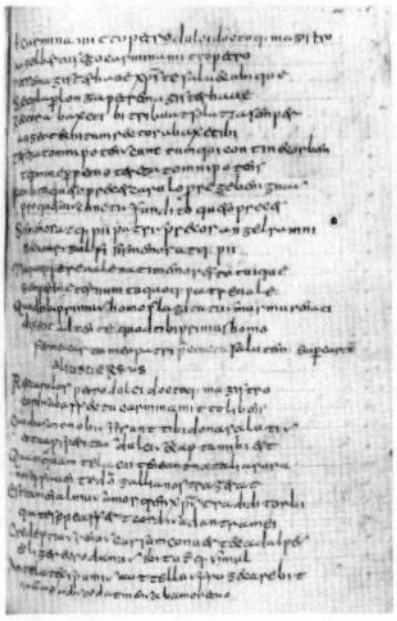

アンギルベルト（ホメロス）**が師ピサのペトルスに捧げた詩**

文書行政に助言を与えたり、詩文をつくり、大帝と仲間たちの前でそれを吟じたりしたのである。

彼らは『新約聖書』の「マタイの福音書」にある、キリストが使徒シメオンの名前をペテロ(岩石)と変えさせ、その岩の上に「私の教会」を建てると述べたことに倣って、大帝を含め、それぞれが自らの野心の在処を象徴する綽名《あだな》で、呼び合った。カール大帝はユダヤの王の名前に倣ってダビデを、アルクインは前一世紀ローマの詩人ホラティウスを、サン・リキエ修道院長のアンギルベルトはホメロスを、オータン司教のモードウィンは、アウグストゥス帝時代の流《る》謫《たく》の詩人オウィディウスをそれぞれ名乗り、たがいを呼び、詩文を草した。

カールのこうした文芸サークルに最後にやってきたのは、のちにその伝記を書くことになるエインハルドゥスであった。彼が選んだ名前は、『旧約聖書』の「出エジプト記」に登場するベツァルエルである。聖書ではこの人物は、金銀細工や刺繍工芸に優れた工人である。彼はアーヘン宮廷やインゲルハイム離宮の造営や、マインツでのライン川の架橋工事にその力を発揮したとされるが、確証はない。それでも彼がカールの造営技術面での助言役であったことは確かである。

このようなラテン語による文芸活動や、その促進の政策は、フランク人の文化的アイデンティティの構築に奥深い影響をもたらした。それまで現在でいう古高ドイツ語▲と称される言語を用いていた(カール大帝のネイティヴな言語はライン・フランク方言であったとされる)フランク人が、ラテン語を高い水準で修得することにより、古代ローマという過去に自らを結びつける最良の基本的手段を見つけ出し、ローマの過去を自らの過去にすることができた。

カールの文芸サークルの一人、ザルツブルク大司教アルンは、サークル名をラテン語のアクイラにしたが、これは鷲《わし》を意味する一般名詞であり、それは彼の名前「アルン」が古高ドイツ語では「鷲」を意味したことによっている。これは個人のレベルでのアイデンティティ転換の極めて単純な一例である。

▼**古高ドイツ語**　ゲルマン語のもっとも古い形態。およそ五〇〇年代から一〇五〇年代までのドイツ語がこれにあたる。文字で表現された古高ドイツ語は八世紀中頃まであらわれない。だがラテン・アルファベット以前は北欧と共通のルーン文字を使用した形跡があり、これは六世紀にまで遡る。

⑥—「西ローマ皇帝」戴冠と「帝権の革新」

ローマへの道

本書の冒頭で、カールが七九九年の夏頃に教皇レオ三世を、ザクセンの離宮であったパーダーボルンにむかえた経緯を述べた。カールは教皇の一行がパーダーボルンに近づきつつあるという知らせに、ケルン大司教であり、宮廷礼拝堂主席司祭を務めていたヒルデボルドと伯アンキルス、さらに息子のピピンを歓迎の先遣団として送り出した。カールは離宮で待機したが、教皇たちの一行が目にはいると、自ら徒歩で近づき教皇を抱擁し、事の経緯をたまらずしゃべりだすレオの話に耳をかたむけながら、讃美歌が合唱されるなか隣接する教会堂に案内した。その後数日、カールの歓迎の祝宴と贈答の儀礼、そしてレオがローマからたずさえてきた聖ステファヌスの聖遺物を教会堂の祭壇に捧げて聖ステファヌス教会として聖別するなどの行事が続いた。

だが追いかけるように教皇の政敵から、レオ三世が不道徳、不品行、偽宣など枚挙にいとまがない悪人で犯罪者であると告発する書状がパーダーボルンに

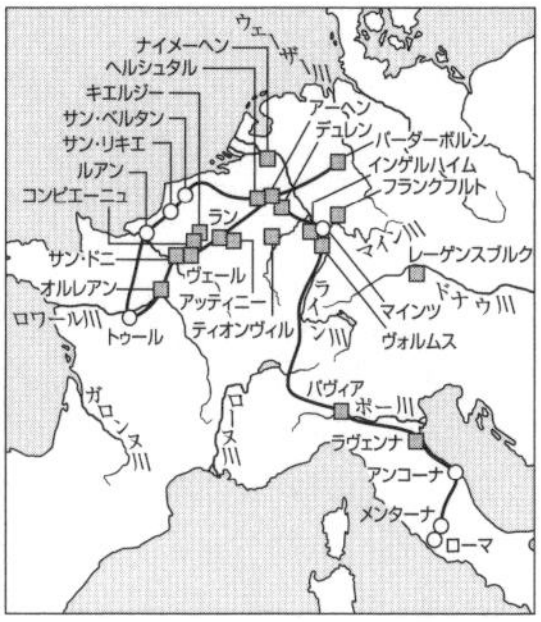

八〇〇年にカール大帝がたどった旅程

届いた。カール大帝は助言者たちの意見を聴いたあと、教皇をただちにローマに送り返す決断をした。教皇不在を、悪事が露見した者の逃亡と解され、新教皇の選出がなされたならば、事態はいっそう昏迷の度を深める、このように判断したのであろう。この間、レオ三世はカールに皇帝戴冠を打診し、カールからの明確な返事をもらえなかったものの、翌年のカールのローマ来訪を約束させた。そしてパーダーボルン滞在数日にして教皇はふたたび旅の人となった。だが今度はケルン大司教とザルツブルク大司教アルンに率いられ、多くの司教や伯たちに護られてのローマ帰還であった。彼らは十一月十九日にテヴェレ川にかかるミルウィウス橋のたもとに到着し、そこでローマ市民と、国籍別のさまざまな旗指物を掲げて帰還を歓迎するローマ在住の異国の人びとの出迎えを受け、翌日に無事ラテラノ宮(教皇庁)にはいった。

一方カールはレオが出発するとまもなく自身もパーダーボルンをあとにした。八〇〇年初めの冬をアーヘンで過ごしたのち、三月半ばにローマに向かう旅にでる。主たる目的は、さきの告発にもとづいて、教皇レオ三世の不品行について裁判を主宰することであった。その行路は詳しくわかっている。大西洋沿岸

▼**サン・ドニ修道院**　パリの北の郊外にあったベネディクト派の修道院。メロヴィング朝時代から国王の墓廟として重きをなした。この修道院の書写活動はカロリング朝時代にことに盛んであり、また公文書の保存にも重要な役割をはたした。現存するメロヴィング朝の国王証書の原本はすべてここに保存されていたものである。

の防備状態を検分したあと、三月二十六日にサン・ベルタン修道院に滞在し、四月の十九日に復活祭をサン・リキエ修道院で祝った。その後ルアンを経由してトゥールを訪れた。ここでおそらく皇帝戴冠について、当時サン・マルタン修道院長を務めていた師傅アルクインの意見を聴いたものであろう。続いてオルレアンに向かい、司教テオドルフスに同じように意見を求めたと思われる。その後パリ近くのサン・ドニ修道院▲に滞在し、ふたたび北上し、デュレンをへて、インゲルハイムの離宮、マインツ、ヴォルムスをへてライン川を遡り、アルプスをこえてイタリアにはいり、パヴィアをへてすぐにローマには向かわずに、ラヴェンナ、アンコーナとめぐり、ローマ近くのメンターナに到着したのは十一月二十三日であった。この間、これらのイタリアの都市では市民の大歓迎を受けた。

カールの西ローマ皇帝戴冠

十二月一日、聖ペテロ大聖堂でカール主宰の裁判が開始された。冒頭カールが発言し、ローマ訪問の目的を語り、ただちに裁判の審理に取りかかった。し

カールの西ローマ皇帝戴冠（『ザクセン世界年代記』より）

かし、だれ一人レオを告発する内容の証言をする者はおらず、聖職者はそろって教皇を裁くことの非を鳴らした。解決策を見出せないまま三週間が過ぎ、ようやくレオが「自らの潔白を宣誓によって保証する」との提案を出した。そして二十三日、聖ペテロ大聖堂でレオ三世が、福音書に手をおき、自身がなに一つ罪を犯していないと宣言した。こうしてレオ三世の嫌疑は晴れた。

その二日後の二十五日はキリスト生誕という聖なる祝日であり、当時の一年の始まりを画す日である。聖ペテロ大聖堂は祝日用の高価な金銀聖具に、おびただしい数の灯明の蠟燭《ろうそく》が反射し、堂宇のなかは荘厳な雰囲気に包まれていた。そのなかにいつものように長衣を着て、首回りに方形のマントを羽織り、ローマ風の短靴を履いて、多くの下臣と聖職者を引き連れたカールが入場した。最初に聖ペテロ聖堂の告解所に進んだ。告解をして祈りを捧げたのち、彼が立ち上がろうとしたとき、教皇は彼の頭に黄金の冠を載せた。すぐさま会衆は「お至尊なるカール、神により戴冠され、偉大にして平安なるローマ人の皇帝万歳、勝利あれ！」と賛意と祝意をあらわした。讃仰《さんぎょう》の歌が鳴り響き、続いて教皇が「古来君主にたいして為す習慣に従って」カールの着衣の縁に接吻をしながら、彼の前で体を伸展して拝礼し、ミサは終了した。

その数日後、レオ三世を誣告《ぶこく》した廉《かど》で、反レオ勢力の首謀者であったパスカリスとカンプルスの裁判が、ローマ法により審理された。二人は大逆罪と陰謀の罪で有罪となり、死刑の判決がくだされた。だがカール大帝は特赦を与え、二人はアルプスの北、フランク王国への追放に処された。カール大帝は冬のあいだローマにとどまり、八〇一年四月四日の復活祭をローマで祝い、その三週間後に帰国の途につき、スポレートに向かった。それから数日してローマは大地震にみまわれ、ローマの聖ペテロ大聖堂の屋根瓦の大部分が崩落する大きな被害をこうむった。

再生した帝権

このようにして、かつての西ローマ世界に四七六年から空位であった皇帝がもどってきた。むろんそれは元老院をともなった本物の帝国の再生ではなく、皇帝という称号の復帰にとどまり、その意義はいわば象徴的・国際政治的でしかなかったが、それでもなお帝冠の重みはカール本人にとっても決して軽いはずはなかった。エインハルドゥスは大帝の伝記のなかで、のちにカール本人が「あの日がたとい大祝日であったとしても、もし教皇の意図をあらかじめ推察できたなら、あの教会にのこのこ踏み込んだりはしなかったろう」(前掲書)と述懐したと記している。この証言の真実性を疑う理由はない。だがその真意となると別である。教皇が戴冠の意図をもっていたことは、カールは承知していたし、気持ちのうえでそれを受諾する意思は半ば以上あったことは、ローマ訪問に先立つ行動から明らかである。帝権をおびることで生ずる国際政治上の重責への懸念、東帝国の意向の忖度《そんたく》、文人との交わりのなかで学んだローマの偉大な先人の業績への敬意、そうした地位に自分がつくことへの不安、そうしたものが彼の優柔不断の原因であったと推測される。

レオ三世はこれを見抜いていた。前年にレオとともにローマに赴いて、そのまま滞在していたカールの二人の腹心、すなわちケルン大司教とザルツブルク大司教も、おそらく戴冠推進論者であったとみられるところから、レオに同調し、突然のハプニングのかたちでこれを実行するのが得策と判断してのことであったに違いない。だから多くの論者がいうように、エインハルドゥスの証言は、あまりにも唐突な、身も蓋もない戴冠の仕方への不満の表明と解釈するのが妥当であろう。

ローマからフランキアに帰り着いた直後(五月二十八日)に発給された文書のなかで、自らを「至尊にして神により戴冠されローマ帝国をおさめる偉大にして安寧を求むる皇帝にして神の恩寵によりフランク人とランゴバルド人の王たりしカロルス」とその肩書を表現し、いくつかの文書につけられた垂飾り印璽《いんじ》の裏側には「ローマ帝国の革新 Renovatio Romani Imerii」の三語が刻まれている。それゆえカールは皇帝の地位と肩書を喜んで受け入れたのであり、そして新たな時代を切り開いたという意気込みは、この年に発布された「巡察使一般勅令」、別名「綱領勅令」の内容豊富で体系的な性格に如実に示されている。ことにその名称からもうかがわれるように、巡察使が正義を重んじ、書かれた法に従って裁きをおこなうべきことが強調されている。この時点で旧来の巡察使制度から、巡察使管区を設定してのより効果的で組織立った制度に高めて、キリスト教帝国の一端を担うフランク王国の統治の充実を期したカール大帝の決意がみてとれる。

ビザンツ帝国の対応

カール大帝の皇帝戴冠を知ったビザンツ側の最初の反応は、カールがコンスタンティノープルめざして進軍してくるのではないかという懸念であった。すでにふれたようにこの時期、わが子コンスタンティヌス六世▲の視力を奪い、死にいたらしめた皇妃イレーネが君臨しており、女性の支配者を認めないフランク王国では、皇帝は空位であるとの認識がカールの宮廷の世論であった。また七八七年の第二回ニケーア公会議(反イコノクラスム)を主宰したのが皇妃イレーネであったことを知ったカール大帝の側近たちは、まずこの事態に感情的に反発し、さらに公会議での決定の文言に教義上看過できない重要な誤りがあるとして、七九〇年に『カールの書』を送り、カール宮廷における神学水準がいかに高いかも誇示していた。

八〇二年十月クーデタで、イレーネを廃して皇帝となったニケフォロス一世▲は、カールに皇帝の称号を認めることを拒否した。こうして東西の皇帝の武力衝突へのシナリオが準備されていった。焦点となったのはアドリア海の干潟地帯、わけてもヴェネツィアであった。

▼コンスタンティヌス六世(在位七八〇〜七九七頃)　ビザンツ皇帝レオン三世と妃イレーネの息子。九歳で即位するが、七九〇年まで母イレーネの摂政下におかれた。この年軍隊の叛乱が起こり、これを契機に母の摂政権力を脱したが、アラブ人やブルガリア人の攻勢を利用して、イレーネが復権してコンスタンティヌスはとらえられて盲目にされ、その傷がもとで没した。

▼ニケフォロス一世(在位八〇二〜八一一)　ビザンツ帝国皇帝。はじめ皇妃イレーネの財務長官であったが、クーデタにより実権者のイレーネを排除し皇帝となった。イコノクラスムへの対応で修道院勢力の反発をかい、またイタリアのビザンツ領をカール大帝にゆずり、アッバース朝への貢納に苦しんだ。ブルガリア人との戦闘で討たれ、生涯を終えた。

ヴェネツィアの南に位置するカール大帝時代の交易地コッマッキオ鳥瞰復元図

アドリア海の一番奥まったヴェネツィア湾のイタリア海岸には、中小の都市や集落が連なり、それぞれが海港を備えていた。小型の船がさまざまの物資を積んで砂州地帯の港から港へ、場合によっては河口から内陸河川にはいりこんで、活発な商取引を展開した。そうしたなか、ヴェネツィアの三つの小島、リアルト、マラモッコ、トルチェッロはとりわけ取引が盛んであったが、とくにトルチェッロは塩と魚の市場として知られ、ビザンツ帝国の住民から絹布、香辛料などを買い、小麦、葡萄酒、金属などを売っていた。ビザンツ帝国側はこの地方がもつ経済的重要性には無関心でいられなかったのはいうまでもない。また東の皇帝はヴェネツィアの総督（ドージェ）の選挙に影響力をもっていた。他方フランク側は、ヴェネツィア湾に突き出たイストリア半島に拠点をもっていたし、息子のピピンはイタリア王でもあった。

こうした状況のなか、八〇六年にビザンツ帝国の艦隊が突然あらわれることで事態が動き出した。戦局はヴェネツィアをめぐって展開した。詳しく述べることはしないが、フランク勢力は陸上の戦いを勝利し、海上はビザンツ側が制した恰好で、八一二年にミカエル一世の使節がアーヘンを訪れて、和平の締結がなされた。この期におよんでもカールをローマ人ではなく、フランク人の皇帝と称して、「西ローマ皇帝」の称号を認めることはしていない。これは地上の唯一の皇帝権保持者として、ビザンツ皇帝のゆずれない一線であった。

世界システムのなかのカール大帝

カール大帝が生きた八世紀後半から九世紀前半にかけての時代は、世界がヨーロッパとアフリカとアジアから成っているという当時の世界についての地理観、空間認識からすると、四世紀に始まるローマ帝国によって体現されたヨーロッパの経済的衰退から、六世紀に顕著となったサーサーン朝▲ペルシア帝国の繁栄、そしてこれを受けてのウマイヤ朝のアラブ帝国、ついで七五〇年のアッバース朝によるイスラーム帝国の成立によって、イスラーム的東方に経済の重心が移転した時代である。

イスラームが征服し支配したメソポタミア、エジプトは古くから灌漑農業が発達し、北アフリカの平原地帯はローマ時代から小麦やオリーブ油生産で名高く、民族移動の時代に多くのゲルマン部族がその地の支配を夢みたほどであっ

▼**サーサーン朝**(二二四〜六五一年)
イランのイスラーム支配直前の王朝。パルティア王国を倒したアルダシール一世により建国された。六世紀のビザンツ帝国は、サーサーン朝のホスロー一世の時代には、年ごとに莫大な貢納金の支払いをよぎなくされるほど、強大な勢力であった。

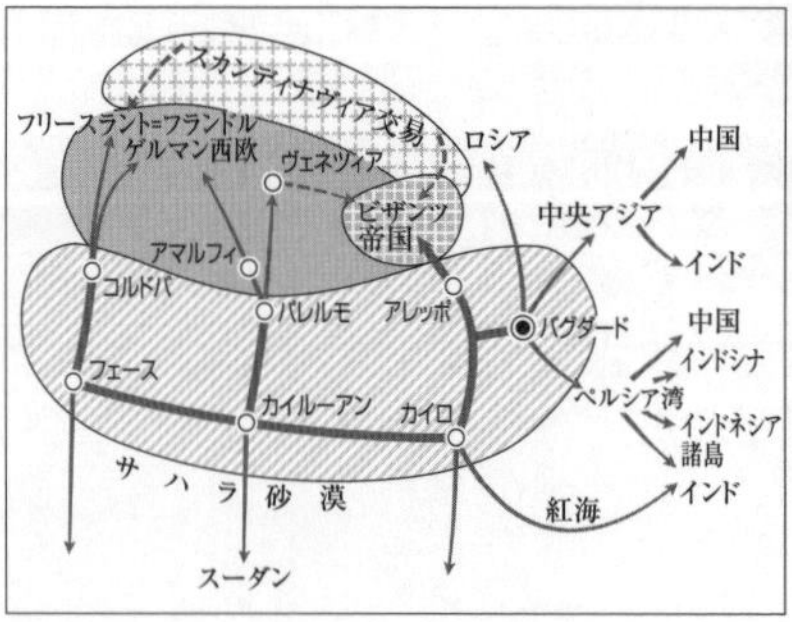

イスラーム世界の交易拡大とその経済圏（モーリス・ロンバール）

た。これに後《こう》ウマイヤ朝が拠点としていたスペイン南部のアンダルシア地方を加えてもよいであろう。南および東アフリカ、スーダン、中央アジアという金の生産地との取引ルートもイスラームが統制し、発達した手工業生産の中心はエジプト・ナイルデルタ、イラン、メソポタミア、シリアなどであった。そしてヘレニズム時代には一つに統合されていた地中海圏とインド洋交易圏が、片やローマ・ビザンツ、片やサーサーン朝ペルシアの二つに分断されたのを、ふたたび接合したのはイスラームの覇権であり、それは十字軍の時代まで続いた。カール大帝が生まれ、活躍したのは、この巨大な経済センターが、その支配領域と中国を含む周辺地域の膨大な経済的果実を流通させ、コントロールした時代であった。

フランスの偉大なイスラーム史家モーリス・ロンバールの言葉を借りるならば、イスラーム帝国の形成が、西ヨーロッパの東方世界との交渉を可能にしたのであり、その後の歴史的発展の道筋をつくったのである。これはアンリ・ピレンヌの有名な言葉「ムハンマドなくしてシャルルマーニュなし」とは正反対の意味づけとして押さえておかなければならない。ピレンヌは地中海交易がイ

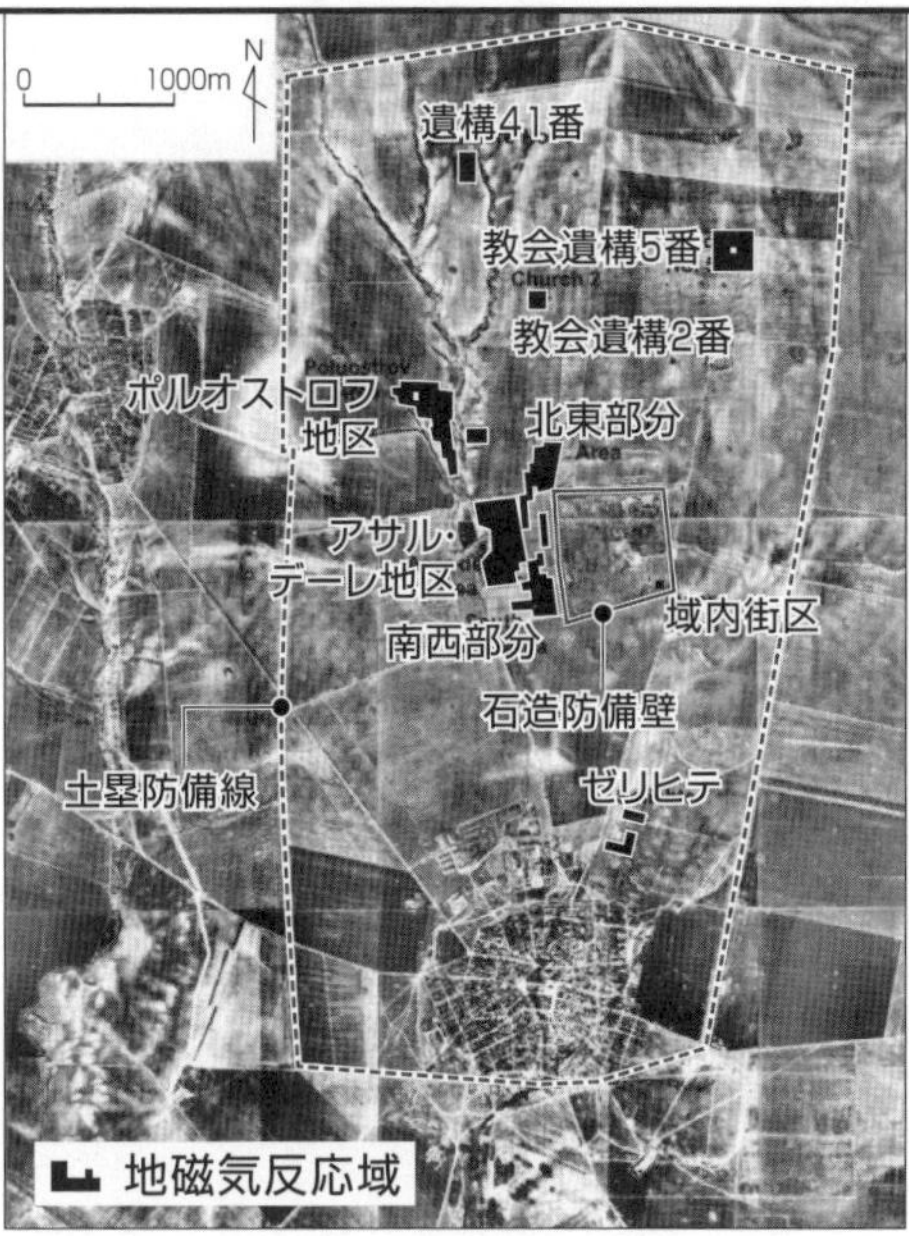

●―プリスカの考古学的調査の空中写真

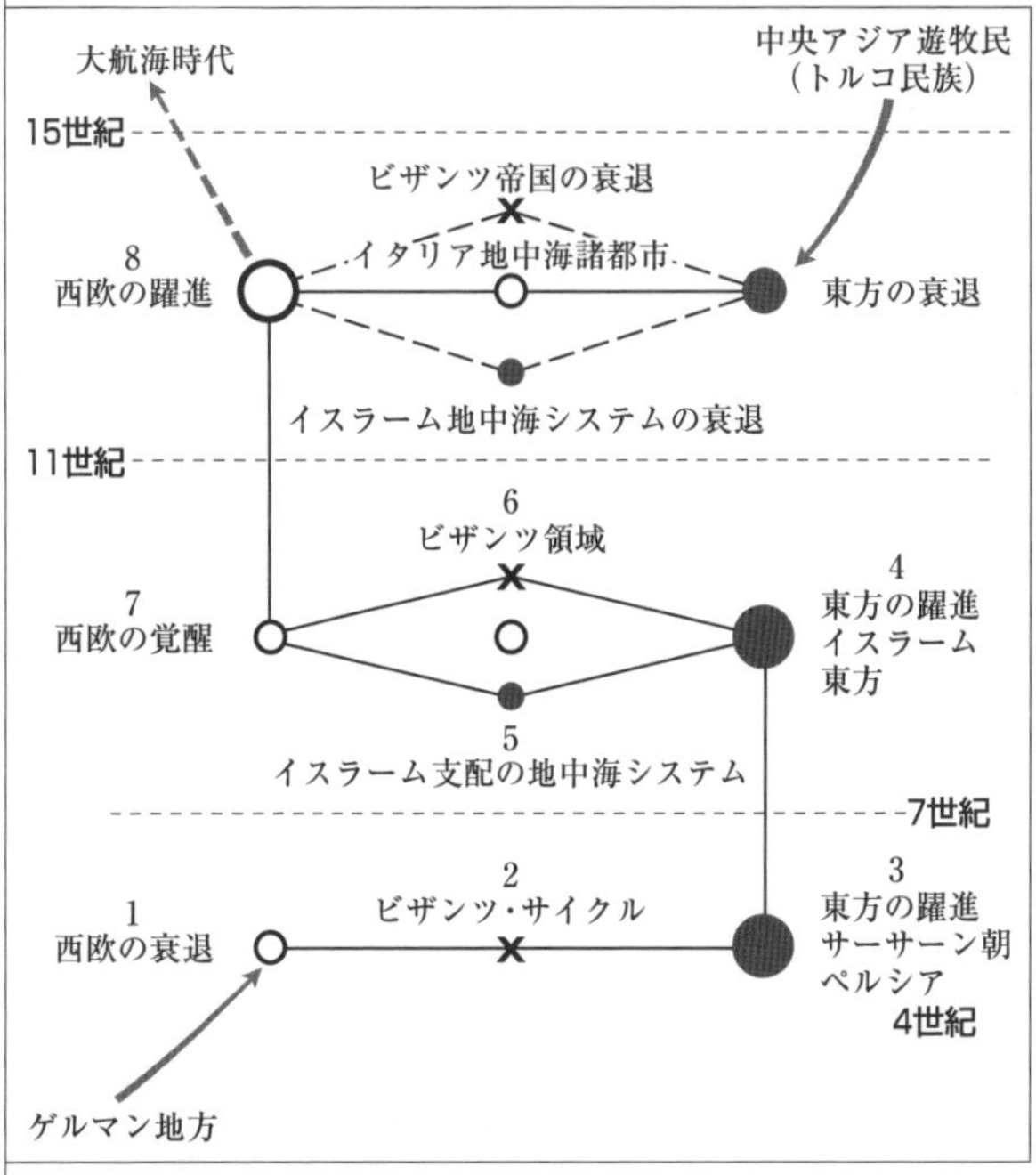

●―ロンバールによる四〜十五世紀ユーラシア地域間交替図

〔上・下とも出典〕 Lombard, M., *L'islam dans sa première grandeur (VIIIe - XIe siècle)*, Flammarion, 1971.

スラーム教徒の進出により途絶し、カールはやむなくアルプス山脈の北にこもって、国力の強化をはからなければならなかったと考えたのであった。

すでにふれたように、カールが誕生した八世紀中頃から都市バグダード、さらにサーマラーの建設は巨大な公共事業となって、経済の脈動を刺戟し息づかせた。東はインド、インドネシア、インドシナ、中国、中央アジア、西方に向かってはカイロ、カイルーアン、フェースなどの北アフリカの交易都市を結び、それはジブラルタル海峡をこえてスペインのコルドバへとつながった。北の回路はバグダードからアレッポ、ビザンツ帝国、ヴェネツィア、フランク王国へと、また最北のルートはバグダードからカスピ海を横断するか、カフカス山脈をこえて、ヴォルガ川を遡行《そこう》し、ラドガ湖(サンクト・ペテルブルク)を経由し、スカンディナヴィア半島、フランク王国へと達した。こうした活発な流通の動きが、北西ヨーロッパに位置するフランク王国の経済発展を大きく促進したのはまちがいない。カール大帝はこうした上り坂にあったヨーロッパの景況に助けられるという幸運に恵まれた。ヨーロッパからの主要な輸出品である、奴隷、刀剣、ガラス製品などの販路は後ウマイヤ朝が支配するイベリア半島のアンダルシア地方であった。

膨れ上がった富の移動は、ヨーロッパ東部の辺境地帯へのトルコ系のさまざまな遊牧騎馬民族の登場とも関係している。そもそも七世紀半ばに東の陸伝いに侵入しようとしたアラブ・イスラームをカフカス地方で食い止めたのはユダヤ教を奉じたとされる遊牧・商業民で、やや謎めいたハザール汗国▲の騎馬兵であり、これによってビザンツ帝国は、もっとも「侵略」熱が高かったウマイヤ朝の支配をまぬがれたのである。ハンガリー平原を自らの支配圏としたアヴァール人が蓄積し、七九一年にカール大帝の軍勢によって略奪されたただならぬ量の貴金属宝石の類《たぐい》も、ビザンツ帝国からの貢納に加えて、商業交易からもたらされた富が大きな部分を占めていたに違いない。

当初はこのアヴァール人に仕える服属部族であった、トルコ系の遊牧民族のブルガリア人は、六八一年に東ヨーロッパの草原地帯に姿をあらわし、アヴァール帝国の崩壊後、自立して黒海の西岸、現在のブルガリアに覇権を樹立し、ビザンツ帝国とたびたび敵対した。八〇九年に汗クルムの時代にビザンツ皇帝ニケフォロスが率いた軍隊と対戦し、これを倒した。クルムは破れた皇帝の首

▼ハザール汗国　トルコ系の遊牧民族で、七世紀に黒海とカスピ海にはさまれた地方に建国し、七四〇年ころにこの民族の支配層はユダヤ教に改宗した。だがこの宗教が一般のハザール人にどれほど浸透したかは疑問である。九六五年にルーシ人が首都のサマンデルを征服した。汗国は一二三七年に最終的に滅亡した。

級から髑髏《どくろ》杯をつくったとされるが、その都城であるプリスカは、一九九七年以来ドイツとブルガリアの考古学者が共同で発掘作業を続けている。驚かされるのはプリスカの規模の大きさで、現在まで判明しているところで、同時代の巨大都市コンスタンティノープル(人口四〇万人)の一・三倍にあたる、面積二一平方キロを擁していることである。現在の発掘の進行状況はまだ全体の数パーセントで、全容の解明はこれからであるが、こうした規模の都市を生み出した経済的富は、黒海周辺に点在する商業交易の拠点からもたらされたのは疑いないところである。

カール大帝は、八〇二年に教皇レオ三世の仲介で、ビザンツの皇妃イレーネと結婚をする準備をし、その話合いのためにアミアン司教イエセスと伯ヘルムガウドゥスをコンスタンティノープルに使節として派遣した。イレーネはこれを受け入れる意向であったと年代記は伝えている。だがフランク宮廷からのこの使節団が到着した直後に、ニケフォロスの政変が起こり、イレーネはビザンツ帝国の主の座から引きずりおろされた。こうして一組の夫婦のもとに(ということは夫たるカール大帝の手中にということであるが)東西の帝権が一手に握られる機会は失われてしまった。もしこれが実現していたならば、どのようにその後の歴史の筋書きが変わったかは、さまざまに想定されるが、そのことを語るのはもはや歴史家のなすべき仕事ではなかろう。

エインハルドゥスの語るところでは、八一四年の年初をアーヘン宮廷で過ごしていた大帝は、一月に重篤の熱病にかかった。老齢で体力も弱りつつあったが、過ぐる晩秋には恒例の狩猟を楽しんでいたのである。だが手当の甲斐もなくこの月の二十八日朝の九時に、聖体拝領ののちに息を引きとった。享年七十二であった。

その葬儀にかんするエインハルドゥスの記述には驚かされる。それというのも、カール大帝は死んだその日のうちに、アーヘン教会の内陣に埋葬されたからである。大帝は若い時分に、死後はパリのサン・ドニ教会の父ピピン三世のかたわらに埋葬されることを望んでいた。だがその後心変わりがあったのか、自らが建立したアーヘン教会への埋葬を願うようになったのかもしれない。それはそれで理解できなくもない心境の変化である。だがこのあわただしい埋葬ぶりはどうであろうか。偉大な国王にして皇帝にふさわしい葬儀がいとなまれた形跡もない。それだけではない、その墓所の正確な位置もやがて忘れ去られる。それから一八六年後の一〇〇〇年に、ザクセン朝のオットー三世がアーヘン教会を訪れ、ようやく大帝の墓を探し出し、掘り起こさせた。そのようすをメルゼブルク司教で著名な年代記作者ティートマールが証言している。それによれば、カールの遺骸は玉座に座ったかたちで掘り出された。装飾品は頸にかけられた黄金の十字架状のペンダント一つであったという。

カール大帝とその時代

西暦	齢	おもな事項
742		ピピン3世の長男としてカール誕生する
750	8	ウマイヤ朝に勝利したアッバース朝が統治を開始する
751	9	父ピピン3世がメロヴィング朝最後の国王を幽閉し国王に即位
754	12	父ピピン，弟カールマンらとともにサン・ドニ修道院で教皇ステファヌス2世により「フランク人の王」として聖別を受ける
768	26	父ピピン3世他界し，弟カールマンと王国を分け合う
769	27	アキテーヌ地方を制圧
771	29	弟カールマンが没し，フランク王国を単独で支配する
772	30	カールの最初のザクセン遠征。イルミン聖柱を破壊
774	32	カール，ランゴバルド人の王となる
778	36	カール，スペインに遠征し帰途ロンセスヴァレスでヴァスク人の奇襲に遭い伯ローランが戦死。のちのルイ敬虔帝が四男として生まれる
779	37	カールの確認される最初の勅令がエルシュタルで布告される
781	39	長男ピピンがイタリア王として，四男のルイがアキテーヌ王としてそれぞれ聖別される。アルクインがカールの宮廷に登場
783	41	王妃ヒルデガルドが没する
785	43	ヴィドキントが降伏する
786	44	ハールーン・アッラシードがバグダードのカリフとなる
787	45	ビザンツ帝国摂政の皇妃イレーネにより第2回ニケーア公会議が開催される
788	46	バイエルン大公タシロ3世を処罰。バイエルン地方を掌握
791	49	アヴァール人への最初の侵攻
793	51	北部ザクセン人と東部フリーセン人が叛乱を起こす。対アヴァール作戦のためドナウ川とライン川をつなぐ運河工事を試みる。ヴァイキングがイングランドのリンディスファーン修道院を襲撃
794	52	カールのアーヘン宮廷への定着。王妃ファストラーダ没
795	53	教皇ハドリアヌス1世の死と教皇レオ3世の即位
796	54	アヴァール人の宮廷（Ring）の攻略と破壊。アルクイン，トゥールのサン・マルタン修道院長となり宮廷を離れる
799	57	教皇レオ3世ローマで襲撃に遭い，保護を求めてカールの滞在していたパーダーボルンにまで足を運ぶ
800	58	王妃リウトガルド没。カールはクリスマスにローマ，ラテラノ教会でレオ3世により「西ローマ皇帝」として戴冠される
802	60	皇帝カールへの誠実宣誓がすべての臣民に求められる。ビザンツ帝国の実権者イレーネがニケフォロスのクーデタにより廃位される
809	67	教会典礼の文言で「聖霊」が「父」のみでなく「子」からも出ているといういわゆる「フィリオクエ」問題で，アーヘン公会議で教会の公式見解とされる
810	68	イタリア王で長男のピピン没す
811	69	次男カール没す。カール大帝遺言状を作成させる
813	71	カール，息子のルイを共同皇帝として戴冠させる。ハールーン・アッラシード没す
814	72	カール大帝没す
1165		フリードリヒ1世バルバロッサがカールの列聖化を実現し，カール大帝は聖人となる

参考文献

五十嵐修『王国・教会・帝国――カール大帝期の王権と国家』知泉書館，2010年

ノトケルス・エインハルドゥス（國原吉之助訳・註）『カロルス大帝伝』筑摩書房，1988年

佐藤彰一「識字文化・言語・コミュニケーション」佐藤彰一・早川良弥編『西欧中世史〔上〕――継承と創造』ミネルヴァ書房，1995年

ジェフリー・バラクロウ（藤崎衛訳）『中世教皇史』八坂書房，2012年

ロベール・フォルツ（大島誠編訳）『シャルルマーニュの戴冠』白水社，1986年

森義信『西欧中世軍制史論――封建制成立期の軍制と国制』原書房，1988年

山田欣吾『西洋中世国制史Ⅰ　教会から国家へ――古相のヨーロッパ』創文社，1992年

ピエール・リシェ（岩村清太訳）『ヨーロッパ成立期の学校教育と教養』知泉書館，2002年

Beumann, H. (Hrsg.), *Karl der Grosse. Lebenswerk und Nachleben. Bd. 1, Persönlichkeit und Geschichte*, Düsseldorf, Verlag L. Schwann, 1967.

Bischoff, B. (Hrsg.), *Karl der Grosse. Lebenswerk und Nachleben. Bd. 2, Das geistige Leben*, Düsseldorf, Verlag L. Schwann, 1967.

Borgolte, M., *Der Gesandtenaustausch der Karolinger mit den Abbasiden und mit den Patriarchen von Jerusalem*, München, Arbeo-Gesellschaft, 1976.

Braunfels, W. und Schramm, P. E., *Karl der Grosse. Lebenswerk und Nachleben. Bd. 3, Das Nachleben*, Düsseldorf, Verlag L. Schwann, 1967.

Collins, R., *Charlemane*, Toronto, University of Toronto Press, 1998.

Constambeys, M., Innes M. and MacLean S., *The Carolingian World*, Cambridge, Cambridge University Press, 2011.

Henning, J., *Post Roman Twons, Trade and Settlement in Europe and Byzantium, Vol. 2, Byzantium, Pliska, and the Balkans*, Berlin/New York, Walter de Gruyter, 2007.

Hodges, R. and Whitehouse, D., *Mohammed, Charlemagne & the Origins of Europe. Archaeology and the Pirenne Thesis*, Ithaca, Cornell University Press, 1983.

Lombard, M., *L'islam dans sa première grandeur (VIIIe-XIe siècle)*, Paris, Flammarion, 1971.

McCormick, M., *Charlemagne's Survey of the Holy Land. Wealth, Personel, and Buildings of a Mediterranean Church between Antiquity and the Middle Ages*, Washington, D.C. Dumbarton Oaks Institute 2011.

Pohl, W., *Die Awaren. Ein Steppenvolk in Mitteleuropa, 567-822 n. Chr.*, München, Verlag C. H. Beck, 1988.

Stiegemann, C. und Wemhoff, M. (Hrsg.), *799. Kunst und Kultur der Karolingerzeit. Karl der Große und Papst Leo III. in Paderborn*, 3 Bde, Mainz, Verlag Philipp von Zabern, 1999.

Verhulst, A., *The Carolingian Economy*, Cambridge, Cambridge University Press, 2002.

Willemsen, A. and Kik, H., *Dorestad in an International Framework. New Research on Centers of Trade and Coinage in Carolingian Times*, Turnhout, Brepols, 2010.

出典一覧

Bührer-Thierry, G/Mériaux, Ch., *Histoire de France. La France avant la France,* Éditions Belin, Paris, 2010 *77*

Duroselle,G/Prache, D, *Les rois de France,* Hatier, Paris, 1985. *15*

Felix Heinzer, herausg. von, *Bewahrtes Kulturerbe,* Stuttgart, 1994. *45*

Henning, J., *Post Roman Twons, Trade and Settlement in Europe and Byzantium, Vol.2, Byzantium, Pliska, and the Balkans,* Walter de Gruyter, Berlin/New York, 2007 *91*

P. Périn/L-Ch. Feffer (éd.), *La Neustrie. Les pays au nord de la Loire de Dagobert à Charles le Chauve (VIIe-IXe siècles),* Crétail, Paris, 1985. *46*

Stiegemann, C./Wemhoff M, herausg.von, 799. *Kunst und Kultur der Karolingerzeit. Karl der Große und Papst Leo III. In Paderborn,* 3 Bde, Verlag Philipp von Zabern, Mainz, 1999. カバー裏, 扉, *1, 4, 24, 31*上, 中, *39, 48, 55, 58, 60, 63*上, 左下, 右中, 右下,*66*右, *71, 73*上, *74, 75, 78, 83*

Willemsen, A./Kik, H., *Dorestad in an International Framework. New Research on Centers of Trade and Coinage in Carolingian Times,* Brepols, Turnhout, 2010 *41, 67, 88*

Yves Cohat, *Les Vikings, rois des mers,* Gallimard, 1987. *53*

著者撮影 *16, 31*下, *32, 34*

ユニフォトプレス提供 カバー表

佐藤彰一(さとう しょういち)
1945年生まれ
早稲田大学大学院文学研究科博士課程単位取得退学
専攻，西洋中世史
名古屋大学名誉教授　博士(文学)
主要著書
『修道院と農民――会計文書から見た西洋中世形成期ロワール地方』
(名古屋大学出版会 1997，日本学士院賞)
『ポスト・ローマ期フランク史の研究』(岩波書店 2000)
『中世初期フランス地域史の研究』(岩波書店 2004)
『歴史書を読む――歴史十書のテクスト科学』(山川出版社 2004)
『中世世界とは何か　ヨーロッパの中世 1』(岩波書店 2008)

世界史リブレット人㉙
カール大帝
ヨーロッパの父
2013年4月30日　1版1刷発行
2021年6月30日　1版4刷発行
著者：佐藤《さとう》彰一《しょういち》
発行者：野澤武史
装幀者：菊地信義
発行所：株式会社 山川出版社
〒101-0047　東京都千代田区内神田1-13-13
電話　03-3293-8131(営業)　8134(編集)
https://www.yamakawa.co.jp/
振替　00120-9-43993
印刷所：株式会社 プロスト
製本所：株式会社 ブロケード
 ISBN978-4-634-35029-8